Oldtimer als Investition

Übersicht und Leitfaden für Einsteiger zur
Wertanlage mit Oldtimern

Albert Krammer

Inhaltsangabe

Einführung

Warum Oldtimer als Wertanlage?

Die Investition in Oldtimer hat sich in den letzten Jahren zu einer lukrativen und faszinierenden Möglichkeit entwickelt, Kapital zu vermehren. Oldtimer sind nicht nur fahrende Kunstwerke, sondern auch begehrte Sammlerstücke, die oft erheblich im Wert steigen. In diesem ausführlichen Text werden wir uns genauer damit beschäftigen, warum Oldtimer als Wertanlage so attraktiv sind.

Die Faszination der Oldtimer

Die Liebe zu Oldtimern geht weit über das bloße Interesse an Autos hinaus. Diese Fahrzeuge sind ein Teil der Geschichte, eine Verbindung zur Vergangenheit und oft ein Ausdruck von Handwerkskunst und Design. Die Faszination, die von einem klassischen Auto ausgeht, ist schwer in Worte zu fassen, aber sie ist allgegenwärtig. Wenn man in einem Oldtimer sitzt, fühlt man sich in eine andere Zeit versetzt, und die Bewunderung, die man von anderen erhält, trägt zu diesem besonderen Erlebnis bei.

Die Kombination von Leidenschaft und Investment

Einer der Hauptgründe, warum Oldtimer als Wertanlage so attraktiv sind, liegt darin, dass sie es den Investoren ermöglichen, ihre Leidenschaft und ihre finanziellen Ziele zu vereinen. Viele Menschen, die sich für Oldtimer interessieren, sind leidenschaftliche Enthusiasten, die Spaß daran haben, ihre Fahrzeuge zu restaurieren und zu fahren. Diese Leidenschaft kann in ein sinnvolles Investment umgewandelt werden.

Historische Wertsteigerung

Oldtimer haben eine beeindruckende Erfolgsbilanz hinsichtlich der Wertsteigerung. Im Laufe der Jahre sind die Preise für viele klassische Fahrzeuge erheblich gestiegen. Einige Modelle haben sich als besonders wertvoll erwiesen. Zum Beispiel hat der 1973er Porsche 911 Carrera RS 2.7 in den letzten zehn Jahren eine durchschnittliche Wertsteigerung von über 900 Prozent verzeichnet.

Begrenzte Verfügbarkeit

Ein wichtiger Faktor, der Oldtimer als Wertanlage so begehrt macht, ist ihre begrenzte Verfügbarkeit. Die meisten klassischen Autos werden nicht mehr hergestellt, und viele von ihnen sind im Laufe der Jahre verloren gegangen oder verschrottet worden. Das bedeutet, dass die Anzahl der verbleibenden Exemplare begrenzt ist, was die Nachfrage erhöht und die Preise steigen lässt.

Sammlerwert und Raritäten

Bestimmte Modelle und Marken haben einen besonders hohen Sammlerwert. Dies kann auf verschiedene Faktoren zurückzuführen sein, darunter seltene Ausstattungsvarianten, limitierte Sondermodelle oder historische Bedeutung. Zum Beispiel sind die ersten Porsche 911-Modelle oder der Mercedes-Benz 300SL "Flügeltürer" heute besonders begehrte Sammlerstücke.

Einzigartiges Design und Handwerkskunst

Oldtimer zeichnen sich oft durch ein einzigartiges Design und eine herausragende Handwerkskunst aus. Die meisten von ihnen wurden in einer Zeit hergestellt, in der die Fertigung noch in hohem Maße von Handarbeit geprägt war. Die Liebe zum Detail und die handwerkliche Präzision, die in diese Fahrzeuge gesteckt wurden, sind beeindruckend. Dieses besondere Flair macht sie zu begehrten Sammlerstücken.

Kulturelle Bedeutung

Ein weiterer Aspekt, der den Wert von Oldtimern steigert, ist ihre kulturelle Bedeutung. Diese Autos sind Symbole vergangener Zeiten und repräsentieren oft eine bestimmte Ära oder einen historischen Moment. Ein 1950er Cadillac verkörpert beispielsweise das goldene Zeitalter des amerikanischen Automobilbaus, während ein klassischer VW Käfer für das Wirtschaftswunder in Deutschland steht.

Wartung und Restaurierung

Die Pflege und Restaurierung von Oldtimern ist ein wichtiger Teil des Hobbys und trägt zur Werterhaltung bei. Viele Besitzer investieren erhebliche Summen in die Instandhaltung und Verbesserung ihrer Fahrzeuge. Das Ergebnis sind Oldtimer, die in einem erstklassigen Zustand sind und daher besonders wertvoll sind.

Diversifikation des Portfolios

Investieren in Oldtimer bietet eine Möglichkeit zur Diversifikation des Portfolios. Anleger können ihre Investitionen in klassische Autos mit anderen Anlageklassen wie Aktien, Anleihen und Immobilien kombinieren. Dies kann dazu beitragen, das Gesamtrisiko zu streuen und die Chancen auf attraktive Renditen zu erhöhen.

Steuerliche Vorteile

In einigen Ländern gibt es steuerliche Vorteile für die Investition in Oldtimer. Diese können die Gesamtkosten des Besitzes und der Instandhaltung reduzieren und somit die Rendite erhöhen.

Kaufentscheidungen und Timing

Die richtige Kaufentscheidung und das richtige Timing sind entscheidend, um mit Oldtimern als Wertanlage erfolgreich zu sein. Es ist wichtig, den Markt zu beobachten und nach Modellen zu suchen, die das Potenzial zur Wertsteigerung haben. Ein guter Zeitpunkt für den Kauf kann den Unterschied zwischen einem profitablen Investment und einem Verlust ausmachen.

Versicherung und Lagerung

Die Versicherung und Lagerung von Oldtimern sind ebenfalls wichtige Faktoren, die berücksichtigt werden müssen. Der Wert dieser Fahrzeuge kann erheblich sein, daher ist es wichtig, sie angemessen zu versichern und sicher zu lagern, um Schäden zu vermeiden.

Risiken und Herausforderungen

Obwohl Oldtimer als Wertanlage viele Vorteile bieten, sind sie nicht ohne Risiken. Der Markt für klassische Autos kann volatil sein, und nicht jede Investition wird zwangsläufig zu einem Gewinn führen. Es ist wichtig, sich der Herausforderungen bewusst zu sein und gut informierte Entscheidungen zu treffen.

Oldtimer als Wertanlage bieten eine einzigartige Möglichkeit, Leidenschaft und Investitionen zu kombinieren. Diese Fahrzeuge sind nicht nur faszinierende Zeitzeugen, sondern auch begehrte Sammlerstücke, die oft erheblich an Wert gewinnen. Mit der richtigen Herangehensweise, Sorgfalt und ein wenig Glück können Oldtimer eine äußerst profitable Investition sein.

Die Faszination deutscher Oldtimer

Deutsche Oldtimer verkörpern nicht nur automobilen Fortschritt, sondern auch eine Zeitreise durch die Geschichte der Automobilindustrie. Diese klassischen Fahrzeuge sind weit mehr als bloße Transportmittel; sie sind lebendige Artefakte, die eine einzigartige Faszination ausüben. In diesem ausführlichen Text werden wir uns tiefgehend mit der Faszination deutscher Oldtimer auseinandersetzen und verstehen, warum sie bis heute Menschen auf der ganzen Welt begeistern.

Der Zauber der deutschen Oldtimer

Die Welt der Oldtimer ist voll von faszinierenden Fahrzeugen aus unterschiedlichen Ländern und Epochen. Aber wenn es um Eleganz, Ingenieurskunst und kulturelle Bedeutung geht, haben deutsche Oldtimer zweifellos eine besondere Stellung. Von legendären Marken wie Mercedes-Benz, Porsche, BMW bis hin zu Volkswagen, haben deutsche Autohersteller im Laufe der Jahrzehnte einige der ikonischsten und begehrtesten Fahrzeuge der Welt produziert. Doch was genau macht diese Oldtimer so faszinierend? Warum ziehen sie Sammler, Liebhaber und Investoren gleichermaßen an? In den folgenden Abschnitten werden wir in die Welt der deutschen Oldtimer eintauchen und ihre Faszination in all ihren Facetten beleuchten.

Deutsche Oldtimer zeichnen sich oft durch ihr einzigartiges Design aus. Viele von ihnen haben zeitlose Formen und Linien, die auch heute noch bewundernswert sind. Das Design deutscher Oldtimer ist in der Regel funktional und ästhetisch zugleich.

Historische Bedeutung und die Geburtsstunde des Autos

Um die Faszination deutscher Oldtimer zu verstehen, müssen wir uns zunächst mit der historischen Bedeutung der deutschen Automobilindustrie befassen. Im späten 19. Jahrhundert bahnte sich eine Revolution an, die die Art und Weise, wie Menschen sich fortbewegten, für immer verändern sollte. Carl Benz, ein deutscher Erfinder, schrieb 1886 Geschichte, als er das erste Fahrzeug mit einem Verbrennungsmotor baute. Dieses dreirädrige Fahrzeug, das als "Benz Patent-Motorwagen" bekannt wurde, wird oft als das erste Auto der Welt angesehen. Es markierte den Beginn einer neuen Ära und legte den Grundstein für die Entwicklung der Automobilindustrie.

Die historische Bedeutung dieses Meilensteins kann nicht genug betont werden. Die Idee, ein Fahrzeug mit einem Verbrennungsmotor zu betreiben, führte zu einer Revolution in der Mobilität und schuf die Grundlage für die moderne Automobilindustrie. Deutsche Ingenieure und Erfinder wie Benz, Gottlieb Daimler und Wilhelm Maybach spielten eine Schlüsselrolle bei der Entwicklung von Automobilen. Ihre Innovationen und Entwicklungen ebneten den Weg für die Fahrzeuge, die später zu den beliebten deutschen Oldtimern werden sollten.

Handwerkskunst und Qualität: Made in Germany

Die Qualität der deutschen Handwerkskunst ist legendär, und das gilt auch für deutsche Oldtimer. Diese Fahrzeuge wurden in einer Zeit gefertigt, in der die Herstellung von Autos noch weitgehend Handarbeit war. Jedes Detail wurde sorgfältig geplant, geschmiedet und montiert, um höchste Qualität und Langlebigkeit zu gewährleisten. Die deutschen Hersteller legten großen Wert auf präzise Verarbeitung und hochwertige Materialien, was sich bis heute in der außergewöhnlichen Qualität und Haltbarkeit ihrer Oldtimer widerspiegelt.

Die Handwerkskunst erstreckte sich auf alle Aspekte des Fahrzeugs, von der Karosserie bis zum Motor und den Innenräumen. Die Verarbeitung von Holz und Leder, die Schmiedearbeiten, die Herstellung von Metallteilen und die Lackierung – alles wurde mit äußerster Präzision und Sorgfalt ausgeführt. Diese hohe Qualität und das Augenmerk auf Details sind entscheidend für die Faszination deutscher Oldtimer. Jedes Fahrzeug verkörpert die Kunstfertigkeit und das Können der Handwerker, die es gebaut haben.

Zeugen vergangener Zeiten: Historische Reise in die Vergangenheit

Deutsche Oldtimer sind Zeitzeugen, die uns auf eine historische Reise in die Vergangenheit mitnehmen. Sie repräsentieren verschiedene Epochen und historische Momente. Wenn man sich hinter das Lenkrad eines deutschen Oldtimers setzt, spürt man, wie die Zeit zurückgedreht wird. Diese Fahrzeuge sind nicht nur Transportmittel; sie sind Portale in die Vergangenheit.

Ein klassischer Volkswagen Käfer, auch als "Käfer" bekannt, zum Beispiel, symbolisiert das Wirtschaftswunder in Deutschland nach dem Zweiten Weltkrieg. Dieses einfache und dennoch charismatische Auto war ein Symbol für die Massenmotorisierung und den wirtschaftlichen Aufschwung der Nachkriegszeit. In den 1950er und 1960er Jahren war der Käfer auf den Straßen der Welt präsent und eroberte die Herzen der Menschen. Heute erinnert er uns an eine Ära des Wiederaufbaus und des Optimismus.

Ein Mercedes-Benz 300SL "Flügeltürer" hingegen, mit seinen charakteristischen Flügeltüren und seinem stilvollen Design, verkörpert die Eleganz und das Luxusgefühl der 1950er Jahre. Dieses Auto war nicht nur ein Statussymbol, sondern auch ein technologisches Wunder seiner Zeit. Der 300SL war eines der ersten Serienautos mit Benzineinspritzung und erreichte eine Höchstgeschwindigkeit von über 160 km/h. Heute ist er ein begehrtes Sammlerstück und ein Sinnbild für die opulente Eleganz der Nachkriegsära.

Deutsche Oldtimer im Motorsport

Oldtimer-Rennen sind ein faszinierender Rückblick auf die glorreiche Vergangenheit des Motorsports. Deutsche Oldtimer haben dabei eine herausragende Rolle gespielt und sind nach wie vor beeindruckende Teilnehmer in diesen historischen Rennen. Dieser Text widmet sich der Geschichte und Bedeutung deutscher Oldtimer im Motorsport, und wie sie ihre Spuren in dieser aufregenden Welt hinterlassen haben.

Der Aufstieg der deutschen Rennwagen

In den Anfängen des Motorsports spielten deutsche Rennwagen eine wichtige Rolle. Schon vor dem Ersten Weltkrieg erzielten deutsche Hersteller wie Mercedes und Benz beachtliche Erfolge in europäischen Rennen. Diese Pioniere des Motorsports waren bekannt für ihre technische Innovation und ihre wagemutigen Fahrer.

Der Nürburgring, eine der legendärsten Rennstrecken der Welt, wurde 1927 eröffnet und zog internationale Motorsport-Enthusiasten an. Deutsche Hersteller wie BMW, Porsche und Mercedes-Benz erzielten hier zahlreiche Siege und etablierten sich als führende Marken im Rennsport. Die beeindruckende Leistungsfähigkeit deutscher Rennwagen auf dieser anspruchsvollen Strecke trug maßgeblich zur internationalen Anerkennung bei.

Der Erfolg von Porsche

Porsche, eine der bekanntesten deutschen Automarken, hat eine reiche Tradition im Motorsport. Der Porsche 911, eines der bekanntesten Modelle der Marke, etablierte sich schnell als Wettbewerbsfahrzeug. 1964 feierte der Porsche 911 seinen ersten Sieg bei der Rallye Monte Carlo und legte den Grundstein für eine beeindruckende Renngeschichte.

Das legendäre 24-Stunden-Rennen von Le Mans ist eine der anspruchsvollsten Herausforderungen im Langstreckenrennsport. Porsche gewann dieses Rennen insgesamt 19 Mal, was die Marke zu einem der erfolgreichsten Teilnehmer macht. Der Porsche 917, ein weiteres ikonisches Modell, dominierte die Rennszene und brach Geschwindigkeitsrekorde.

Der Porsche 935, bekannt als "Moby Dick" aufgrund seiner charakteristischen, verlängerten Karosserie, war in den späten 1970er Jahren besonders erfolgreich und gewann wichtige Langstreckenrennen, darunter die 24 Stunden von Daytona und die 12 Stunden von Sebring.

Mercedes-Benz: Eine Legende kehrt zurück

Mercedes-Benz, eine weitere herausragende deutsche Marke, hat eine beeindruckende Geschichte im Motorsport. In den 1950er Jahren dominierte Mercedes-Benz die Formel-1-Weltmeisterschaft und gewann zwei aufeinanderfolgende Titel. Der Mercedes-Benz W196, der von Fahrern wie Juan Manuel Fangio gefahren wurde, ist zu einem Symbol für die Erfolge der Marke im Rennsport geworden.

Nach einer langen Pause vom Formel-1-Rennsport kehrte Mercedes-Benz 2010 zurück und etablierte sich schnell als eines der führenden Teams. Mit Fahrern wie Lewis Hamilton erzielte das Team mehrere Weltmeistertitel und setzte die beeindruckende Renngeschichte fort.

BMW: Der "ultimative Fahrspaß"

BMW, auch bekannt als "Bayerische Motoren Werke," hat seinen Sitz in München und ist für seine sportlichen Modelle und die Verbindung von Fahrspaß und Performance bekannt. Die Marke hat eine lange Tradition im Tourenwagenrennsport und ist in verschiedenen Rennserien erfolgreich, darunter die Deutsche Tourenwagen-Meisterschaft (DTM) und die 24 Stunden auf dem Nürburgring.

Ein bemerkenswertes Modell von BMW ist der legendäre BMW 2002, der in den 1960er und 1970er Jahren in Tourenwagenrennen eingesetzt wurde. Dieses kompakte Auto mit einer beeindruckenden Leistung etablierte sich schnell als Publikumsliebling und gewann zahlreiche Rennen.

Die Schönheit des Oldtimer-Rennsports

Oldtimer-Rennen sind nicht nur Motorsportveranstaltungen, sondern auch ein visuelles Spektakel. Die klassischen Linien und Formen deutscher Oldtimer faszinieren Zuschauer und Fahrer gleichermaßen. Die Veranstaltungen bieten eine einzigartige Gelegenheit, die historischen Rennwagen in Aktion zu sehen und den Klang ihrer leistungsstarken Motoren zu hören.

Zu den bekanntesten Oldtimer-Rennen zählen die Mille Miglia in Italien, die Carrera Panamericana in Mexiko und das Goodwood Festival of Speed in Großbritannien. Diese Veranstaltungen ziehen Rennfahrer und Liebhaber aus der ganzen Welt an und bieten eine Plattform, auf der die glorreiche Geschichte des Motorsports gefeiert wird.

Die Bedeutung der Erhaltung

Die Teilnahme deutscher Oldtimer an historischen Rennen unterstreicht die Bedeutung der Erhaltung und Restaurierung dieser Fahrzeuge. Sammler und Enthusiasten setzen sich leidenschaftlich dafür ein, die Oldtimer in bestmöglichem Zustand zu halten, um ihre historische Bedeutung und Leistungsfähigkeit zu bewahren.

Oldtimer-Rennen bieten den Besitzern die Möglichkeit, ihre Schätze auf die Probe zu stellen und gleichzeitig die bewundernden Blicke des Publikums zu genießen. Diese Veranstaltungen fördern die Gemeinschaft der Oldtimer-Enthusiasten und tragen zur Pflege des kulturellen Erbes bei.

Kapitel 1: Geschichte deutscher Oldtimer

Die Anfänge der deutschen Automobilindustrie

Die deutsche Automobilindustrie, weltweit für ihre Qualität, Innovation und Tradition bekannt, hat eine lange und faszinierende Geschichte. Ihre Wurzeln reichen bis in die späten 19. Jahrhunderte zurück, als die Idee eines selbstfahrenden Fahrzeugs noch in den Kinderschuhen steckte. In diesem umfassenden Text werden wir die Anfänge der deutschen Automobilindustrie ausführlich beleuchten, die Pioniere, die bahnbrechenden Entwicklungen und den Weg, der Deutschland zu einem der führenden Automobilproduzenten der Welt gemacht hat.

Die Pioniere der Mobilität

Die Anfänge der deutschen Automobilindustrie sind eng mit den Pionieren der Mobilität verbunden. In diesem Kapitel werden wir die bedeutendsten deutschen Erfinder und Ingenieure kennenlernen, darunter Karl Benz, Gottlieb Daimler, Wilhelm Maybach und Nicolaus Otto. Diese Männer legten den Grundstein für die Entwicklung des Automobils und leisteten bahnbrechende Arbeit im Bereich der Verbrennungsmotoren.

Karl Benz: Der Schöpfer des ersten Automobils

Karl Benz, ein deutscher Ingenieur und Unternehmer, wird oft als der Vater des Automobils angesehen. Im Jahr 1886 stellte er den "Benz Patent-Motorwagen" vor, der oft als erstes Auto der Welt betrachtet wird. Dieses dreirädrige Fahrzeug mit einem Verbrennungsmotor legte den Grundstein für die moderne Automobilindustrie. Wir werden die Entstehung und technischen Merkmale dieses Meilensteins genauer beleuchten und verstehen, warum er als Geburtsstunde des Autos gilt.

Gottlieb Daimler und Wilhelm Maybach: Die Entwickler des schnelllaufenden Motors

Parallel zu Karl Benz entwickelten Gottlieb Daimler und Wilhelm Maybach ihre eigenen Verbrennungsmotoren und gründeten die Daimler-Motoren-Gesellschaft. Dieser Schritt markierte einen weiteren Meilenstein in der Geschichte der deutschen Automobilindustrie. Wir werden die Entwicklungen und Innovationen dieser Zeit kennenlernen, darunter den "Grandfather Clock Engine" und den "Stahlradwagen."

Nicolaus Otto: Der Vater des Viertaktmotors

Nicolaus Otto, ein weiterer deutscher Erfinder, trug maßgeblich zur Entwicklung des Verbrennungsmotors bei. Sein Patent für den Viertaktmotor, auch als Ottomotor bekannt, legte die Grundlage für die Motoren, die in den ersten Automobilen verwendet wurden. Wir werden uns mit den Prinzipien des Ottomotors und seiner Bedeutung für die Automobilindustrie auseinandersetzen.

Die ersten deutschen Automobilhersteller

Mit den Erfolgen von Benz, Daimler und Maybach entstanden die ersten deutschen Automobilhersteller. Hier werden wir die Gründung von Unternehmen wie Benz & Cie., Daimler-Motoren-Gesellschaft und Deutz AG untersuchen und verstehen, wie sie den Weg für die Automobilproduktion in Deutschland ebneten.

Benz & Cie.: Die Geburtsstunde des Unternehmens

Nach der Erfindung des "Benz Patent-Motorwagens" gründete Karl Benz 1883 sein Unternehmen, Benz & Cie., und begann mit der Serienproduktion von Automobilen. Wir werden die Anfänge des Unternehmens, seine Modelle und den Beitrag von Bertha Benz, der Ehefrau von Karl Benz, zur Weiterentwicklung des Automobils genauer betrachten.

Daimler-Motoren-Gesellschaft: Ein Meilenstein in der Technologie

Die Daimler-Motoren-Gesellschaft, gegründet von Gottlieb Daimler und Wilhelm Maybach, war ein weiterer bedeutender Akteur in den Anfängen der deutschen Automobilindustrie. Wir werden die innovativen Modelle und Technologien, die von diesem Unternehmen entwickelt wurden, erkunden und verstehen, wie sie den Weg für moderne Autos bereiteten.

Deutz AG: Die Verbindung von Motoren und Fahrzeugen

Deutz AG, ein Unternehmen, das 1864 gegründet wurde, war zunächst auf die Herstellung von Motoren spezialisiert. Später expandierte das Unternehmen in die Produktion von Automobilen und spielte eine wichtige Rolle in der Entwicklung von Nutzfahrzeugen und Bussen. Wir werden die Geschichte von Deutz AG und seinen Beitrag zur deutschen Automobilindustrie genauer betrachten.

Technische Herausforderungen und Innovationen

Die frühen Tage der Automobilindustrie waren geprägt von technischen Herausforderungen. In diesem Kapitel werden wir uns mit den Schwierigkeiten bei der Konstruktion und Entwicklung von Automobilen auseinandersetzen, darunter die Anforderungen an Motoren, Karosserien und Straßeninfrastruktur. Wir werden auch die Innovationen dieser Zeit, wie die Einführung von Vierzylindermotoren, beleuchten.

Die Suche nach der besten Antriebsart

In den Anfangsjahren der Automobilindustrie gab es verschiedene Antriebsarten im Wettbewerb miteinander. Wir werden die verschiedenen Ansätze, darunter Dampfantrieb und Elektroantrieb, betrachten und verstehen, warum sich der Verbrennungsmotor schließlich als dominierende Technologie durchsetzte.

Die Entwicklung von Karosserien und Fahrwerk

Die Gestaltung von Karosserien und Fahrwerken war ein weiterer entscheidender Bereich in der Frühphase der Automobilindustrie. Wir werden die Vielfalt der Karosserieformen und -materialien sowie die Herausforderungen bei der Straßenführung und Federung genauer betrachten.

Die Bedeutung von Straßeninfrastruktur

Die Qualität der Straßeninfrastruktur spielte eine entscheidende Rolle für die Verbreitung von Automobilen. Wir werden die Entwicklung von Straßen und Autobahnen in Deutschland in dieser Zeit untersuchen und verstehen, wie sie die Mobilität und den Erfolg der Automobilindustrie beeinflussten.

Der Durchbruch des Autos in Deutschland

Die Akzeptanz des Automobils in der deutschen Gesellschaft war anfangs begrenzt, da es als Spielzeug für wohlhabende Enthusiasten angesehen wurde. In diesem Kapitel werden wir die Schritte untersuchen, die unternommen wurden, um das Auto für eine breitere Bevölkerungsschicht zugänglich zu machen, darunter die Rolle von Taxis und Lieferwagen.

Klassiker aus den 1920er und 1930er Jahren

Die 1920er und 1930er Jahre waren eine Ära der Automobilinnovation und Eleganz. Deutsche Automobilhersteller waren zu dieser Zeit Wegbereiter im Luxus- und Hochleistungssegment. Dieser Text nimmt Sie mit auf eine Reise in die Vergangenheit und beleuchtet einige der bemerkenswertesten deutschen Autoklassiker aus dieser Zeit.

Die Goldene Ära des Automobilbaus

Die 1920er und 1930er Jahre waren eine aufregende Zeit in der Geschichte des Automobilbaus. Nach dem Ersten Weltkrieg erlebte Deutschland einen wirtschaftlichen Aufschwung, der als "Goldene Ära" des Automobilbaus bezeichnet wurde. Deutsche Hersteller prägten diese Ära mit ihren Luxusautos, innovativen Technologien und Rennsporterfolgen.

Mercedes-Benz SSK: Die Ikone der 1920er Jahre

Der Mercedes-Benz SSK (Super Sport Kurz) ist eine Ikone der 1920er Jahre und wird oft als eines der schönsten Autos aller Zeiten betrachtet. Dieses Sportauto, das von Ferdinand Porsche entwickelt wurde, zeichnete sich durch seinen mächtigen Sechszylindermotor und sein elegantes Design aus. Der SSK war nicht nur auf der Straße erfolgreich, sondern erzielte auch beeindruckende Erfolge im Rennsport.

Horch 853: Der Inbegriff von Eleganz

Der Horch 853, auch bekannt als "Horch Einheitswagen," war ein weiterer deutscher Autoklassiker aus den 1930er Jahren. Dieses Luxusauto wurde von Horch, einer Tochtergesellschaft von Auto Union, produziert und zeichnete sich durch sein elegantes Erscheinungsbild und seinen leistungsstarken Achtzylindermotor aus. Der Horch 853 wurde oft von prominenten Persönlichkeiten und Staatsmännern gefahren und verkörperte Luxus und Stil.

Deutsche Ingenieurskunst und Technologie

Die deutschen Autoklassiker aus den 1920er und 1930er Jahren waren nicht nur ästhetisch beeindruckend, sondern auch technologische Meisterwerke. Deutsche Ingenieure führten viele innovative Entwicklungen ein, die die Automobilindustrie revolutionierten.

Maybach Zeppelin DS8: Luxus und Technik

Der Maybach Zeppelin DS8 war ein Paradebeispiel für deutsche Ingenieurskunst und Luxus. Dieses Auto war mit einem Achtzylindermotor ausgestattet, der beeindruckende Leistung und Geschwindigkeit bot. Darüber hinaus verfügte der Zeppelin DS8 über eine bahnbrechende Aufhängungstechnologie, die für ein außergewöhnlich komfortables Fahrerlebnis sorgte.

DKW Front Typ F1: Der Vorläufer des Frontantriebs

DKW, ein deutscher Automobilhersteller, spielte eine wichtige Rolle bei der Einführung des Frontantriebs in Serienfahrzeugen. Der DKW Front Typ F1 war eines der ersten Autos mit Frontantrieb und setzte einen Meilenstein in der Geschichte des Automobilbaus. Dieses innovative Konzept ermöglichte bessere Traktion und Handling, was den DKW-Front zu einem Vorreiter in der Automobiltechnologie machte.

Der Rennsport und deutsche Autoklassiker

Die 1920er und 1930er Jahre waren auch eine Zeit intensiver Motorsportaktivitäten, in der deutsche Autoklassiker große Erfolge erzielten und den Ruf Deutschlands als Motorsportnation festigten.

Auto Union Type C: Die Silberpfeile

Die Auto Union Type C Rennwagen, auch bekannt als "Silberpfeile," dominierten die Rennszene der 1930er Jahre. Diese Hochleistungsrennwagen waren mit kompressorgeladenen V12-Motoren ausgestattet und erreichten Geschwindigkeiten von über 300 km/h. Unter der Leitung von Ferdinand Porsche gewannen die Silberpfeile zahlreiche Rennen, darunter den Großen Preis von Deutschland und den Großen Preis von Monaco.

Mercedes-Benz W25: Ein Sieger in der Formel 1

Mercedes-Benz war ein weiterer herausragender Akteur im Rennsport. Der Mercedes-Benz W25 war ein erfolgreicher Rennwagen, der in der Formel 1 und bei Grand-Prix-Rennen brillierte. Dieser Rennwagen war nicht nur technisch fortschrittlich, sondern auch ästhetisch ansprechend und repräsentierte die Exzellenz der deutschen Ingenieurskunst.

Die soziale Bedeutung von Autoklassikern

Die deutschen Autoklassiker aus den 1920er und 1930er Jahren hatten nicht nur technische und ästhetische Bedeutung, sondern prägten auch die Gesellschaft und die Kultur dieser Zeit.

Opel Laubfrosch: Das Auto für die breite Bevölkerung

Der Opel 4 PS, liebevoll als "Laubfrosch" bekannt, war ein erschwingliches Auto, das in den 1920er Jahren auf den Markt kam. Dieses Modell trug dazu bei, die Motorisierung der breiten Bevölkerung zu fördern und veränderte die Art und Weise, wie Menschen sich fortbewegten. Der Laubfrosch war ein Symbol für soziale Mobilität und Freiheit.

Volkswagen Käfer: Ein Massenphänomen

Der Volkswagen Käfer, ursprünglich als "KdF-Wagen" konzipiert, wurde in den 1930er Jahren entwickelt und später als "Käfer" bekannt. Dieses Auto war während des Zweiten Weltkriegs und der Nachkriegszeit ein Massenphänomen. Millionen von Menschen auf der ganzen Welt fuhren den Volkswagen Käfer, der für Qualität, Zuverlässigkeit und Langlebigkeit stand.

Der Einfluss der politischen Ereignisse

Die politischen Ereignisse in den 1920er und 1930er Jahren hatten einen erheblichen Einfluss auf die deutsche Automobilindustrie und die Entwicklung ihrer Klassiker.

Der Einfluss der Weltwirtschaftskrise

Die Weltwirtschaftskrise in den späten 1920er Jahren hatte einen erheblichen Einfluss auf die Automobilindustrie. Die Nachfrage nach Luxusautos ging zurück, und viele Hersteller mussten ihre Produktion reduzieren.

Wirtschaftswunder und die Blütezeit der 1950er und 1960er

Die 1950er und 1960er Jahre markierten eine der aufregendsten Epochen in der Geschichte des Automobils. In dieser Zeit erlebte die Automobilindustrie einen beispiellosen Aufschwung und die Einführung von Fahrzeugen, die heute als Klassiker und Ikonen gelten. Diese zwei Jahrzehnte sind untrennbar mit dem deutschen "Wirtschaftswunder" verbunden, einem Zeitraum des rasanten wirtschaftlichen Aufschwungs nach dem Zweiten Weltkrieg. In diesem Text werden wir die Höhepunkte dieser Ära, die legendären Fahrzeuge und den Einfluss des "Wirtschaftswunders" auf die PKW-Industrie genauer betrachten.

Die Zeit des Aufbruchs

Nach dem Zweiten Weltkrieg stand Deutschland vor enormen Herausforderungen. Die Infrastruktur und die Wirtschaft des Landes waren schwer angeschlagen. Doch aus den Trümmern des Krieges entstand das "Wirtschaftswunder" – eine beispiellose Phase des wirtschaftlichen Aufschwungs, die es Deutschland ermöglichte, seine Position als eine der führenden Wirtschaftsnationen der Welt wiederzuerlangen.

Die Automobilindustrie spielte eine entscheidende Rolle in diesem Wirtschaftswunder. Autos wurden nicht mehr nur als Luxus angesehen, sondern als Symbole des Fortschritts und der Wiedererlangung von Mobilität. Die Nachfrage nach Fahrzeugen war enorm, und die Hersteller waren gezwungen, innovative Wege zu finden, um dieser Nachfrage gerecht zu werden.

Der VW Käfer – ein Symbol des Wirtschaftswunders

Eines der ikonischsten Autos dieser Ära war der Volkswagen Käfer. Ursprünglich als "KdF-Wagen" (Kraft durch Freude-Wagen) konzipiert, sollte der Käfer ein erschwingliches Auto für die breite Bevölkerung sein. Es wurde zu einem der meistverkauften Autos der Geschichte und ist bis heute ein Symbol für deutsche Ingenieurskunst und Langlebigkeit.

Der VW Käfer war nicht nur in Deutschland ein großer Erfolg, sondern eroberte auch den internationalen Markt. Die Kombination aus einem zuverlässigen luftgekühlten Motor, einer einzigartigen Formgebung und einem erschwinglichen Preis machte den Käfer zu einem Massenphänomen. Er verkörperte den Geist des Wirtschaftswunders und half dabei, die deutsche Automobilindustrie international zu etablieren.

Die deutsche Luxusklasse

Während der 1950er und 1960er Jahre war Deutschland auch bekannt für seine Luxusautos. Marken wie Mercedes-Benz, BMW und Porsche produzierten Fahrzeuge, die für Eleganz, Leistung und Qualität standen. Diese Autos waren nicht nur in Deutschland, sondern weltweit sehr begehrt.

Ein herausragendes Beispiel für deutsche Luxusautos dieser Zeit war der Mercedes-Benz 300 SL. Der "Flügeltürer", so genannt wegen seiner charakteristischen Flügeltüren, war ein Sportwagen der Extraklasse. Mit seinem leistungsstarken Motor und seinem unverwechselbaren Design war er ein Symbol für die innovative Technologie und das Luxussegment der deutschen Automobilindustrie.

BMW brachte den legendären 507 auf den Markt, der für sein elegantes Design und seine beeindruckende Leistungsfähigkeit bekannt war. Dieser Roadster erlangte aufgrund seiner Ästhetik und seiner Rennsporterfolge internationale Anerkennung und ist heute ein gefragtes Sammlerstück.

Porsche, ein weiterer deutscher Hersteller, machte sich mit dem Porsche 356 und später dem Porsche 911 einen Namen. Diese Sportwagen waren nicht nur auf der Straße, sondern auch auf der Rennstrecke erfolgreich. Der Porsche 911, der ursprünglich als "901" bekannt war, ist bis heute ein Synonym für Sportwagen-Exzellenz.

Die Ära der amerikanischen Straßenkreuzer

In den USA waren die 1950er und 1960er Jahre von den sogenannten "Straßenkreuzern" geprägt. Diese großen, schweren und oft auffällig gestalteten Autos symbolisierten den amerikanischen Traum und den Wohlstand der Nachkriegszeit. Cadillac, Chevrolet, Ford und Chrysler waren einige der prominenten Marken, die solche Fahrzeuge produzierten.

Diese amerikanischen Straßenkreuzer waren für ihre enormen V8-Motoren, die üppige Ausstattung und ihr komfortables Fahrgefühl bekannt. Mit ihren markanten Heckflossen und ausladenden Karosserien verkörperten sie den Optimismus und die Opulenz der Zeit.

Technologische Innovationen

Die 1950er und 1960er Jahre waren auch eine Zeit großer technologischer Fortschritte in der Automobilindustrie. Diese Ära war geprägt von Innovationen, die die Sicherheit, den Komfort und die Leistung der Fahrzeuge deutlich verbesserten.

Sicherheitsgurte: In den 1950er Jahren wurden die ersten Sicherheitsgurte eingeführt. Diese einfachen, aber effektiven Vorrichtungen trugen dazu bei, die Verletzungsgefahr bei Unfällen zu reduzieren.

Servolenkung: Die Einführung der Servolenkung in den 1950er Jahren erleichterte das Lenken von Fahrzeugen erheblich, insbesondere bei schweren amerikanischen Straßenkreuzern.

Scheibenbremsen: Die Verwendung von Scheibenbremsen anstelle von Trommelbremsen verbesserte die Bremsleistung und die Sicherheit der Fahrzeuge erheblich.

Verbesserte Motorentechnologie: Die 1960er Jahre sahen die Einführung von leistungsstärkeren und effizienteren Motoren, einschließlich V8-Motoren mit hoher Verdichtung und Vierventiltechnologie.

Kultureller Einfluss

Die Automobilindustrie der 1950er und 1960er Jahre hatte nicht nur wirtschaftliche Bedeutung, sondern auch kulturellen Einfluss. Die Einführung von Autokinos ermöglichte es den Menschen, Filme in ihren Fahrzeugen anzusehen, und das Reisen mit dem Auto wurde zu einem Symbol für Freiheit und Abenteuer.

Kapitel 2: Die besten deutschen Oldtimer

Mercedes-Benz Klassiker

Die Marke Mercedes-Benz steht weltweit für Luxus, Qualität und zeitloses Design. Im Laufe der Jahrzehnte hat Mercedes-Benz einige der bemerkenswertesten und begehrtesten Oldtimer produziert. Diese Klassiker haben nicht nur die Geschichte des Automobils geprägt, sondern sind auch heute noch begehrte Sammlerstücke. In diesem Text werden wir die besten deutschen Oldtimer von Mercedes-Benz beleuchten, ihre Geschichte, technischen Merkmale und ihren kulturellen Einfluss.

Die Anfänge von Mercedes-Benz

Die Geschichte von Mercedes-Benz beginnt im späten 19. Jahrhundert, als zwei deutsche Ingenieure, Gottlieb Daimler und Karl Benz, unabhängig voneinander bahnbrechende Entwicklungen im Bereich der Verbrennungsmotoren machten.

Der Benz Patent-Motorwagen

Karl Benz wird oft als Erfinder des ersten echten Automobils angesehen. Im Jahr 1886 stellte er den "Benz Patent-Motorwagen" vor, der als erstes Auto der Welt gilt. Dieses dreirädrige Fahrzeug war mit einem Viertaktmotor ausgestattet und legte den Grundstein für die moderne Automobilindustrie. Der "Motorwagen" war ein Durchbruch in der Mobilität und gilt heute als ein wertvolles Stück Automobilgeschichte.

Die Daimler-Motoren-Gesellschaft

Parallel zu Karl Benz entwickelte Gottlieb Daimler seine eigenen Verbrennungsmotoren und gründete die Daimler-Motoren-Gesellschaft. Daimler und sein Ingenieurpartner Wilhelm Maybach arbeiteten an der Entwicklung von Hochleistungsmotoren, die in verschiedenen Anwendungen, einschließlich der Automobilproduktion, Verwendung fanden.

Die Ära der Silberpfeile

Die 1930er Jahre waren geprägt von den berühmten "Silberpfeilen," den legendären Rennwagen von Mercedes-Benz. Diese Hochleistungsfahrzeuge dominierten die Rennstrecken und trugen wesentlich zur Etablierung von Mercedes-Benz als Automobilmarke höchster Qualität und Leistung bei.

Auto Union Type C

Die Auto Union Type C war einer der bemerkenswertesten Silberpfeile. Dieser Rennwagen wurde von Ferdinand Porsche entwickelt und war mit einem kompressorgeladenen V12-Motor ausgestattet. Mit einer Höchstgeschwindigkeit von über 300 km/h und zahlreichen Siegen auf den Rennstrecken der Welt wurde der Type C zu einem der erfolgreichsten Rennwagen seiner Zeit.

Mercedes-Benz W25

Mercedes-Benz trug ebenfalls zum Ruhm der Silberpfeile bei, insbesondere mit dem W25. Dieser Rennwagen war bei Grand-Prix-Rennen und in der Formel 1 äußerst erfolgreich. Mit seinem charakteristischen Design und seiner überlegenen Leistung setzte der W25 neue Maßstäbe im Rennsport.

Die Nachkriegszeit und der Mercedes-Benz 300SL

Nach dem Zweiten Weltkrieg konzentrierte sich die Automobilindustrie auf den Wiederaufbau und die Produktion von Fahrzeugen für die breite Bevölkerung. In den 1950er Jahren führte Mercedes-Benz den 300SL ein, der bis heute als einer der begehrtesten Oldtimer der Welt gilt.

Mercedes-Benz 300SL "Flügeltürer"

Der Mercedes-Benz 300SL, liebevoll als "Flügeltürer" bekannt, wurde erstmals 1954 vorgestellt. Er zeichnete sich durch seine charakteristischen Flügeltüren aus, die sowohl funktional als auch ästhetisch beeindruckend waren. Der 300SL war mit einem leistungsstarken Sechszylindermotor ausgestattet und erreichte beeindruckende Geschwindigkeiten. Dieses Auto war nicht nur auf der Straße, sondern auch auf der Rennstrecke erfolgreich und gewann unter anderem die Mille Miglia im Jahr 1955.

Die Pagode-Serie

In den 1960er Jahren führte Mercedes-Benz die "Pagode"-Serie ein, die den legendären 230SL, 250SL und 280SL umfasste. Diese Fahrzeuge zeichneten sich durch ihr einzigartiges, pagodenartiges Dachdesign aus und waren sowohl als Coupé als auch als Cabriolet erhältlich. Die Pagode-Serie war für ihre elegante Linienführung und ihren luxuriösen Innenraum bekannt und ist bis heute bei Sammlern sehr begehrt.

Die S-Klasse und die Luxuslimousinen

Die 1950er und 1960er Jahre waren auch geprägt von der Einführung der Mercedes-Benz S-Klasse, einer Reihe von Luxuslimousinen, die für höchsten Komfort und Leistung stehen. Diese Fahrzeuge trugen maßgeblich dazu bei, Mercedes-Benz als Synonym für Luxus und Qualität zu etablieren.

Mercedes-Benz 220S und 220SE

Die 220S- und 220SE-Modelle, die in den 1950er Jahren produziert wurden, zeichneten sich durch ihren eleganten Stil und ihre hochwertige Verarbeitung aus. Diese Fahrzeuge waren mit Sechszylindermotoren und luxuriösen Innenausstattungen erhältlich und verkörperten die Ideale der S-Klasse.

Mercedes-Benz 300SE "Heckflosse"

Die "Heckflosse" oder "Große Mercedes" war eine Serie von Limousinen, die in den 1960er Jahren produziert wurde. Diese Fahrzeuge waren nicht nur für ihren einzigartigen Heckflossen-Stil, sondern auch für ihren Komfort und ihre Sicherheitsmerkmale bekannt. Der 300SE war ein Beispiel für die Innovationskraft von Mercedes-Benz in Bezug auf passive Sicherheit und modernes Design.

Mercedes-Benz 600 "Großer"

Der Mercedes-Benz 600, auch bekannt als "Großer Mercedes," war ein Flaggschiff der Marke und wurde in den 1960er und 1970er Jahren produziert. Dieses Luxusauto war mit einem leistungsstarken Achtzylindermotor und einer Fülle von High-End-Funktionen ausgestattet, einschließlich einer hydraulischen Federung und einer Klimaanlage. Der 600 wurde oft von Prominenten und Staatsoberhäuptern weltweit gefahren und war ein Symbol für höchste Ansprüche.

Porsche Ikonen

Porsche, eine der bekanntesten und angesehensten Sportwagenmarken der Welt, hat im Laufe seiner Geschichte einige der begehrtesten und legendärsten Oldtimer hervorgebracht. Diese Fahrzeuge haben nicht nur die Automobilwelt geprägt, sondern sind auch zu wahren Kultobjekten geworden. In diesem Text werden wir die besten deutschen Oldtimer von Porsche, ihre Geschichte, technischen Merkmale und ihren anhaltenden kulturellen Einfluss genauer unter die Lupe nehmen.

Die Geburt von Porsche

Die Geschichte von Porsche beginnt mit dem visionären Ingenieur Ferdinand Porsche. Dieser herausragende Erfinder und Konstrukteur legte den Grundstein für das Unternehmen, das später zu einer der angesehensten Sportwagenmarken der Welt werden sollte.

Der "Porsche 64"

Die Ursprünge von Porsche sind mit dem "Porsche 64" verbunden, einem Prototyp, der 1938 entwickelt wurde. Dieses Fahrzeug wurde auf Basis des VW Käfers hergestellt und gilt als eines der ersten Fahrzeuge, die den Namen "Porsche" trugen. Der "Porsche 64" war der Beginn einer langen Erfolgsgeschichte und legte den Grundstein für Porsches Ruf als Hersteller leistungsstarker und zuverlässiger Sportwagen.

Der Porsche 356 – Der Wegbereiter

Der Porsche 356 war der erste Seriensportwagen des Unternehmens und gilt als einer der wichtigsten Porsche-Oldtimer. Dieses Modell half, den Grundstein für die Porsche-Tradition leistungsstarker Sportwagen zu legen.

Der Porsche 356/1

Der Prototyp des Porsche 356, der als "No. 1" bekannt ist, wurde erstmals 1948 vorgestellt. Dieser Roadster war mit einem luftgekühlten Vierzylindermotor ausgestattet und zeigte bereits das charakteristische Design und die Leistungsmerkmale, die Porsche berühmt gemacht haben.

Die Entwicklung des Porsche 356

Der Porsche 356 wurde in verschiedenen Varianten und Karosserieformen produziert. Er war ein Zweisitzer und wurde als Coupé, Cabriolet und Speedster angeboten. Mit seinem luftgekühlten Boxermotor, der hinter den Rücksitzen montiert war, bot der 356 eine außergewöhnliche Gewichtsverteilung und eine bemerkenswerte Fahrdynamik.
Der Porsche 356 war sowohl auf der Straße als auch auf der Rennstrecke erfolgreich. Das Modell 356A Speedster erlangte insbesondere in den USA große Beliebtheit und wurde zu einer Ikone des Stilbewusstseins und der Sportwagenkultur.

Die Ära des Porsche 911

Der Porsche 911, eine der bekanntesten und am meisten verehrten Sportwagenreihen der Welt, feierte 1964 sein Debüt und markierte den Beginn einer neuen Ära für Porsche. Dieses Modell sollte die Entwicklung der Sportwagenbranche nachhaltig beeinflussen.

Die Geburt des Porsche 911

Der Porsche 911, intern als "901" bekannt, wurde 1963 auf der Frankfurter Automobilausstellung vorgestellt. Der 911 war der Nachfolger des 356 und führte zahlreiche technische Verbesserungen ein. Er war mit einem Sechszylindermotor ausgestattet, der im Heck des Fahrzeugs positioniert war, und verfügte über eine beeindruckende Leistung.

Technische Innovationen

Der Porsche 911 war nicht nur leistungsstärker als sein Vorgänger, sondern auch technisch fortschrittlicher. Die Einführung von unabhängiger Radaufhängung, Scheibenbremsen und eine optimierte Karosseriestruktur trug zur Fahrdynamik und Sicherheit des 911 bei.

Die Kultivierung des 911

Im Laufe der Jahrzehnte wurde der Porsche 911 kontinuierlich weiterentwickelt und verbessert. Verschiedene Modelle, darunter der Carrera, der Targa und der GT3, verliehen der 911-Reihe eine breite Palette von Leistungs- und Ausstattungsvarianten. Der 911 war und ist ein erfolgreiches Rennfahrzeug und wurde bei Rallyes und Rundstreckenrennen gleichermaßen eingesetzt.

Die transaxle-Ära und der Porsche 924

In den 1970er und 1980er Jahren unternahm Porsche Schritte, um seine Produktpalette zu erweitern und den Bedürfnissen verschiedener Marktsegmente gerecht zu werden. Eine wichtige Entwicklung in dieser Zeit war die Einführung des Porsche 924.

Der Porsche 924

Der Porsche 924 wurde 1976 als Einstiegsmodell des Unternehmens eingeführt. Dieser Frontmotor-Sportwagen verfügte über einen wassergekühlten Vierzylindermotor und bot ein ausgewogenes Fahrverhalten. Der Porsche 924 war für Porsche ein wichtiger Schritt, da er eine breitere Kundenbasis ansprach und die Marke in neuen Märkten positionierte.

Die 944-Serie

Der Porsche 924 führte zur Entwicklung der Porsche 944-Serie, die in den 1980er Jahren produziert wurde. Die 944-Modelle waren leistungsstärker als der 924 und verfügten über eine ausgewogene Gewichtsverteilung. Diese Sportwagen waren in verschiedenen Karosserievarianten, darunter Coupé und Cabriolet, erhältlich und sind bei Sammlern und Liebhabern aufgrund ihrer Fahrdynamik und des einzigartigen Designs immer noch sehr begehrt.

Der Porsche 928 – Ein V8-GT

Der Porsche 928, der 1977 erstmals vorgestellt wurde, war ein radikaler Schritt für Porsche. Mit seinem V8-Motor und seiner Frontmotoranordnung unterschied sich der 928 stark von den traditionellen Porsche-Modellen. Dieses Modell wurde als GT-Fahrzeug konzipiert und kombinierte Leistung mit Komfort.

Technische Innovationen

Der Porsche 928 war der erste Porsche, der mit einem V8-Motor ausgestattet war. Diese Motorenvariante bot sowohl Leistung als auch eine ruhige, vibrationsfreie Fahrt. Der 928 verfügte über eine fortschrittliche Aufhängung und eine ausgewogene Gewichtsverteilung, was zu beeindruckenden Fahreigenschaften führte.

BMW Legenden

BMW, kurz für Bayerische Motoren Werke, ist eine der bekanntesten und angesehensten deutschen Automobilmarken. Im Laufe seiner Geschichte hat BMW einige der ikonischsten und begehrtesten Oldtimer produziert. Diese Fahrzeuge sind nicht nur Meisterwerke des Designs und der Ingenieurskunst, sondern haben auch einen bedeutenden kulturellen Einfluss auf die Welt des Automobils ausgeübt. In diesem Text werden wir die besten deutschen Oldtimer von BMW, ihre Geschichte, technischen Merkmale und ihren anhaltenden kulturellen Einfluss genauer betrachten.

Die Anfänge von BMW

Die Geschichte von BMW reicht zurück bis ins frühe 20. Jahrhundert, als das Unternehmen noch unter dem Namen Rapp Motorenwerke gegründet wurde. Später fusionierte es mit der Bayerischen Flugzeugwerke AG und wurde schließlich zu Bayerische Motoren Werke (BMW). Die Anfänge des Unternehmens waren von Flugzeugmotoren und Motorradfertigung geprägt.

Der BMW Dixi

Der erste Automobilhersteller, den BMW übernahm, war die Fahrzeugfabrik Eisenach, die den Kleinwagen "Dixi" produzierte. Der BMW Dixi, der auf dem Austin 7 basierte, wurde 1928 von BMW in Deutschland hergestellt und markierte den Einstieg des Unternehmens in die Automobilproduktion. Dieses Modell war der Vorläufer der heutigen Kompaktfahrzeuge und trug dazu bei, BMW in der Automobilwelt zu etablieren.

Der BMW 328 - Der sportliche Klassiker

Der BMW 328, der 1936 erstmals vorgestellt wurde, ist einer der legendärsten Sportwagen aus der BMW-Historie. Mit seinem kraftvollen Motor und seinem schlanken Design verkörpert der 328 das goldene Zeitalter der Sportwagen in den 1930er und 1940er Jahren.

Technische Merkmale

Der BMW 328 war mit einem leistungsstarken Reihensechszylindermotor ausgestattet, der ursprünglich für den Motorsport entwickelt wurde. Dieser Motor bot eine beeindruckende Leistung und ermöglichte dem 328, auf der Rennstrecke erfolgreich zu sein. Die Karosserie des 328 war leicht und aerodynamisch gestaltet, was zu einer außergewöhnlichen Fahrdynamik beitrug. Dieser Sportwagen war bei verschiedenen Rennveranstaltungen sehr erfolgreich, darunter die Mille Miglia und die Rundstreckenrennen auf der Nürburgring-Nordschleife.

Kultureller Einfluss

Der BMW 328 trug dazu bei, den Ruf von BMW als Hersteller von leistungsstarken und eleganten Sportwagen zu festigen. Sein zeitloses Design und seine sportlichen Merkmale haben Generationen von Autoliebhabern beeinflusst und inspiriert.

Der BMW 507 - Der Roadster der Stars

Der BMW 507, der 1955 eingeführt wurde, ist ein eleganter Roadster, der für sein luxuriöses Design und seine leistungsstarken Motoren bekannt ist. Dieses Modell wurde oft mit Prominenten in Verbindung gebracht und ist ein zeitloser Klassiker der Automobilgeschichte.

Der BMW 507 wurde von dem renommierten Designer Albrecht Graf von Goertz entworfen. Mit seinen geschwungenen Linien, den charakteristischen Kiemen an den vorderen Kotflügeln und dem verchromten Kühlergrill war der 507 ein wahrer Hingucker. Das luxuriöse Verdeck und die hochwertigen Materialien im Innenraum unterstrichen den Premium-Charakter des Fahrzeugs.

Der BMW 507 wurde schnell zum Liebling von Prominenten und Filmstars, darunter Elvis Presley, der den 507 während seiner Zeit als Soldat in Deutschland erwarb. Diese Verbindung zum Glamour und zur Berühmtheit trug dazu bei, den Mythos des 507 als Sportwagen der Extraklasse zu festigen.

Die BMW "Neue Klasse" - Der Wegbereiter

Die "Neue Klasse" von BMW, die in den 1960er Jahren eingeführt wurde, veränderte das Schicksal des Unternehmens und ermöglichte es, den Grundstein für den modernen BMW-Erfolg zu legen.

Der BMW 1500

Die Neue Klasse begann mit dem BMW 1500, einem kompakten Limousinenmodell, das 1961 eingeführt wurde. Dieses Fahrzeug zeichnete sich durch sein ausgewogenes Design und seine sportlichen Fahreigenschaften aus. Mit einem Vierzylindermotor und einer hochwertigen Ausstattung legte der 1500 den Grundstein für eine erfolgreiche Ära.

Die Weiterentwicklung der Neue Klasse

Die Neue Klasse wurde schnell erweitert, um eine breitere Palette von Fahrzeugen anzubieten. Der BMW 1600, der BMW 1800 und der BMW 2000 bauten auf dem Erfolg des 1500 auf und boten mehr Leistung und Luxus.

Kultureller Einfluss

Die Neue Klasse war eine wegweisende Entwicklung für BMW. Sie ermöglichte es dem Unternehmen, den Übergang von der Nachkriegszeit zur modernen Ära des Automobilbaus zu vollziehen. Diese Fahrzeuge waren für ihre herausragende Fahrbarkeit und ihr zeitloses Design bekannt und trugen wesentlich dazu bei, BMW als Hersteller von Premium-Fahrzeugen zu etablieren.

Der BMW M1 - Das Supercar

Der BMW M1, der 1978 erstmals vorgestellt wurde, war ein Supercar, das die Motorsport-DNA von BMW in die Straße brachte. Dieses außergewöhnliche Modell war das Ergebnis einer Kooperation zwischen BMW und dem italienischen Sportwagenhersteller Lamborghini.

Die Geburt des M1

Der BMW M1 wurde entwickelt, um die Anforderungen der Gruppe 4 des Sportwagen-Weltmeisterschaftsreglements zu erfüllen. Dieses Rennfahrzeug musste eine Mindestanzahl von Straßenfahrzeugen produzieren, um in der Gruppe 4 antreten zu können. Der M1 war mit einem Reihensechszylindermotor ausgestattet und bot beeindruckende Leistung.

Volkswagen und der Käfer

Volkswagen, kurz VW, ist eine der bekanntesten und angesehensten Automarken der Welt. Im Laufe seiner bewegten Geschichte hat VW einige der ikonischsten und begehrtesten Oldtimer produziert. Diese Fahrzeuge sind nicht nur Meisterwerke des Designs und der Ingenieurskunst, sondern haben auch einen tiefgreifenden Einfluss auf die Automobilwelt und die Popkultur ausgeübt. In diesem Text werden wir die besten deutschen Oldtimer von Volkswagen, ihre Geschichte, technischen Merkmale und ihren Einfluss auf die Automobilbranche und die Gesellschaft genauer betrachten.

Der Volkswagen Käfer - Eine Legende auf vier Rädern

Der Volkswagen Käfer, oft liebevoll als "Brezelkäfer" oder "Käfer" bezeichnet, ist eines der bekanntesten und ikonischsten Autos der Welt. Dieses kleine Auto, das von Volkswagen (VW) entwickelt wurde, hat nicht nur die Geschichte des Automobils geprägt, sondern auch einen wichtigen kulturellen Einfluss ausgeübt. In diesem Text werden wir die Geschichte des Volkswagen Käfers, seine technischen Merkmale und seinen Einfluss auf die Automobilwelt und die Popkultur genauer betrachten.

Die Geburt des Volkswagen Käfers

Die Geschichte des Volkswagen Käfers beginnt in den 1930er Jahren in Deutschland, als Ferdinand Porsche beauftragt wurde, ein erschwingliches und praktisches Auto für das deutsche Volk zu entwickeln. Dieses Projekt führte zur Entstehung des Volkswagen Käfers.

Die Idee des "Volkswagens"

Der Begriff "Volkswagen" wurde geprägt, um ein Auto zu beschreiben, das erschwinglich und für jedermann zugänglich sein sollte. Adolf Hitler, der zu dieser Zeit an der Macht war, drängte auf die Entwicklung eines solchen Fahrzeugs, das als "Kraft-durch-Freude-Wagen" bekannt war. Die Entwicklung des Fahrzeugs wurde von Ferdinand Porsche und seinem Team geleitet.

Die Vorproduktion und der KdF-Wagen

Die ersten Prototypen des Käfers wurden in den späten 1930er Jahren hergestellt. Das Auto war für die Massenproduktion vorgesehen und sollte in einem Werk in der Nähe von Fallersleben, das später in Wolfsburg umbenannt wurde, gebaut werden. Das Werk war ursprünglich als "Kraft durch Freude"-Stadt geplant, sollte jedoch später als Produktionsstätte für den KdF-Wagen, den Vorläufer des Käfers, dienen.

Der VW Käfer in den 1940er und 1950er Jahren

Die Produktion des VW Käfers wurde durch den Ausbruch des Zweiten Weltkriegs unterbrochen. Während des Krieges wurden die VW-Fabriken zur Herstellung militärischer Ausrüstung verwendet. Nach Kriegsende wurde die Produktion des Käfers wiederaufgenommen.

Die britische Besatzung und die Wiederaufnahme der Produktion

Nach dem Krieg wurde das Werk in Wolfsburg von den britischen Besatzungstruppen übernommen. Die Produktion des Käfers wurde jedoch schnell wieder aufgenommen, da das Auto eine wichtige Rolle bei der Wiederherstellung der Mobilität im Nachkriegsdeutschland spielte. Es wurde in den folgenden Jahren in zahlreichen Varianten hergestellt, darunter als Limousine, Cabriolet und Lieferwagen.

Export und Internationalisierung

In den 1950er Jahren wurde der VW Käfer zunehmend auf internationalen Märkten bekannt und beliebt. Der Export des Käfers nach Nordamerika und in andere Teile der Welt trug dazu bei, seine Popularität zu steigern. Das Auto wurde auch in verschiedenen Ausführungen und mit unterschiedlichen Antriebsarten produziert, darunter der berühmte VW Bus und der Karmann Ghia.

Die Technik des VW Käfers

Der VW Käfer war bekannt für seine einfache, aber zuverlässige Technik. Diese Einfachheit trug wesentlich zu seiner langlebigen Beliebtheit bei.

Der luftgekühlte Boxermotor

Der VW Käfer war mit einem luftgekühlten Vierzylindermotor ausgestattet, der sich im Heck des Fahrzeugs befand. Dieser Boxermotor war einfach in der Konstruktion und konnte in verschiedenen Hubraumgrößen gefunden werden. Mit seinem charakteristischen "Klopfen" war der Boxermotor ein Markenzeichen des Käfers.

Die einfache Fahrwerkskonstruktion

Der VW Käfer verwendete eine unabhängige Radaufhängung mit MacPherson-Federbeinen vorne und Pendelachsen hinten. Diese einfache Konstruktion war robust und leicht zu warten, was den Käfer besonders bei Selbstschraubern beliebt machte.

Die strapazierfähige Karosserie

Die Karosserie des Käfers bestand aus einer stabilen selbsttragenden Konstruktion, die Rostbildung effektiv verhinderte. Dies trug zur Langlebigkeit des Fahrzeugs bei.

Der Käfer als Kultobjekt

In den 1960er und 1970er Jahren entwickelte sich der VW Käfer zu einem Kultobjekt. Das Auto wurde zum Symbol für die Gegenkultur und den Zeitgeist dieser Ära.

Der "Hippie"-Käfer

Der VW Käfer wurde in den 1960er Jahren von der Hippie-Bewegung als praktisches und erschwingliches Fahrzeug geschätzt. Die bunten Farben und individuellen Verzierungen der Käfer spiegelten den Geist der Zeit wider. Dieser "Hippie"-Käfer wurde oft als Symbol für Frieden und Liebe verwendet.

Popkultur und Medienpräsenz

Der VW Käfer trat auch in der Popkultur auf. Eines der berühmtesten Beispiele ist der Disney-Film "Ein tollkühnes Huhn" (1969), in dem ein anthropomorpher Käfer namens Herbie die Hauptrolle spielt. Herbie wurde in mehreren Fortsetzungen und einem Fernsehfilm vorgestellt und trug wesentlich zur weltweiten Bekanntheit des VW Käfers bei.

Das Ende der Käfer-Produktion

Obwohl der VW Käfer in den 1960er und 1970er Jahren immer noch sehr beliebt war, konnte er mit moderneren Fahrzeugen nicht mehr mithalten. In den 1970er Jahren wurden strengere Sicherheits- und Umweltauflagen in den USA eingeführt, was die Produktion des Käfers dort erschwerte. Dies führte schließlich dazu, dass die Produktion des Käfers in Nordamerika 1977 eingestellt wurde.
Die Produktion des Käfers in Europa ging jedoch weiter. Der VW Käfer wurde in den 1980er Jahren mit einigen Modifikationen an Motor und Technik weiterhin produziert.

Der Volkswagen Bus - Eine Ikone des Hippie-Zeitalters

Der Volkswagen Bus, oft als "Bulli" bekannt, ist ein weiteres legendäres Fahrzeug von VW. Dieser vielseitige Kleintransporter wurde in den 1950er Jahren eingeführt und wurde schnell zu einem Symbol für Freiheit und Abenteuer.

Eine mobile Leinwand

Der VW Bus diente in den 1960er Jahren als mobile Leinwand für die kreativen Ausdrücke der Hippie-Bewegung. Viele Busse wurden mit lebhaften und farbenfrohen Designs bemalt und verliehen dieser Ära ein unverkennbares Flair.

Verschiedene Generationen

Der Volkswagen Bus wurde in verschiedenen Generationen und Varianten produziert, darunter der T1 (Samba-Bus), T2, T3 (Vanagon) und T4. Jede Generation hatte ihre eigenen Besonderheiten und wurde für verschiedene Zwecke genutzt, von Familienausflügen bis hin zu Wohnmobilen.

Ein Symbol der Freiheit

Der VW Bus verkörperte das Freiheitsgefühl der 1960er Jahre. Die Idee, mit einem Bus auf Abenteuerreise zu gehen, sprach viele Menschen an und wurde zu einem kulturellen Phänomen. Selbst heute erfreut sich der VW Bus großer Beliebtheit unter Enthusiasten.

Der VW Golf GTI - Der Urvater der Hot Hatches

Der VW Golf GTI, oft als "Hot Hatch" bezeichnet, ist der Urvater einer besonderen Kategorie von kompakten Sportwagen. Diese Fahrzeuge kombinieren die Alltagstauglichkeit eines Kompaktwagens mit der sportlichen Leistung eines Sportwagens.

Die Idee des GTI

Der Golf GTI wurde 1976 eingeführt und war das Ergebnis einer innovativen Idee. Das "GTI" im Namen stand für "Gran Turismo Injection," was auf die Verwendung eines Einspritzsystems hinwies. Diese Technologie verlieh dem Golf eine beeindruckende Leistung, ohne auf den Komfort und die Alltagstauglichkeit zu verzichten.

Sportliche Merkmale

Der Golf GTI war mit einem Vierzylindermotor ausgestattet und zeichnete sich durch sein agiles Fahrverhalten und sein sportliches Fahrwerk aus. Diese Merkmale machten ihn zu einem echten Fahrspaß und führten zur Schaffung einer neuen Kategorie von Fahrzeugen.

Der Golf GTI in der Popkultur

Der Golf GTI wurde schnell zu einem Symbol für Fahrspaß und sportliche Kompaktwagen. Sein Einfluss reichte in die Popkultur, in der er oft als Fahrzeug der Wahl für Autoliebhaber und Tuning-Enthusiasten dargestellt wurde.

Erste Generation (Typ 17): 1976-1983

Der VW Golf GTI wurde erstmals 1976 vorgestellt und war eines der ersten "Hot Hatchbacks" auf dem Markt.
Angetrieben wurde der erste GTI von einem 1,6-Liter-Vierzylindermotor mit mechanischer Einspritzung, der 110 PS leistete. Das war damals eine beeindruckende Leistung für ein Kompaktfahrzeug.
Das GTI-Logo, das den Golf GTI schmückt, wurde zu einem Symbol für sportliches Fahrvergnügen und hohe Leistung.

Zweite Generation (Typ 19E): 1983-1992

Die zweite Generation des Golf GTI, auch bekannt als GTI Mk2, wurde 1983 eingeführt und erhielt verschiedene Aktualisierungen, darunter leistungsstärkere Motoren und verbesserte Fahreigenschaften.

Während dieser Zeit wurde der GTI auch in verschiedenen Sondereditionen und Varianten angeboten, darunter der legendäre GTI 16V.

Dritte Generation (Typ 1H): 1992-1999

Die dritte Generation des GTI, bekannt als GTI Mk3, bot mehr Platz und Komfort, ohne dabei die sportlichen Gene des GTI zu vernachlässigen.

Die Motorenpalette reichte von Vierzylindermotoren bis zum VR6, einem leistungsstarken Sechszylindermotor.

Vierte Generation (Typ 1J): 1999-2006

Die vierte Generation des GTI, GTI Mk4 genannt, setzte die Tradition des Golf GTI fort und bot weiterhin Fahrspaß und Leistung.

Eine Variante des GTI Mk4, der Golf R32, war mit einem leistungsstarken VR6-Motor und Allradantrieb ausgestattet.

Fünfte Generation (Typ 1K): 2004-2009

Der Golf GTI Mk5 zeichnete sich durch sein markantes Design und seine sportliche Leistung aus.

Er wurde von einem aufgeladenen Vierzylindermotor angetrieben und bot ein ausgewogenes Fahrverhalten.

Sechste Generation (Typ 5K): 2008-2013

Der Golf GTI Mk6 setzte die Erfolgsgeschichte fort und verfeinerte die Leistung und den Komfort des Fahrzeugs.

Siebte Generation (Typ 5G): 2013-2019

Der Golf GTI Mk7 bot modernste Technologie, darunter einen Turbomotor und ein hochwertiges Interieur.

Achte Generation (ab 2019)

Die achte Generation des Golf GTI, auch bekannt als Golf GTI Mk8, führte weiterhin die Tradition des GTI fort und wurde mit modernsten Fahrerassistenzsystemen und Konnektivitätsfunktionen ausgestattet.

Der VW Karmann Ghia - Eleganz und Stil

Der VW Karmann Ghia war eine elegante und stilvolle Ergänzung zur Volkswagen-Modellpalette. Dieses Coupé, das in den 1950er Jahren eingeführt wurde, war eine Kollaboration zwischen VW und dem deutschen Karosseriebauunternehmen Karmann.

Ein italienisches Design

Der Karmann Ghia zeichnete sich durch sein elegantes italienisches Design aus. Es war mit einer geschwungenen Karosserie und stilvollen Linien ausgestattet, die an die Sportwagen der 1950er Jahre erinnerten.

VW Technik

Unter der eleganten Karosserie des Karmann Ghia verbarg sich die bewährte VW-Technik, einschließlich des luftgekühlten Boxermotors. Dies verlieh dem Fahrzeug nicht nur Stil, sondern auch Zuverlässigkeit.

Zeitlose Eleganz

Der Karmann Ghia verkörperte zeitlose Eleganz und Stil. Er wurde schnell zu einem begehrten Sammlerstück und ist bis heute bei Liebhabern für seine klassische Schönheit bekannt.

Der VW Scirocco - Sportlicher Fahrspaß

Der VW Scirocco ist ein kompakter Sportwagen, der erstmals 1974 von Volkswagen auf den Markt gebracht wurde. Das Modell wurde über die Jahre hinweg in verschiedenen Generationen produziert und hat sich zu einem beliebten und ikonischen Fahrzeug in der Kompaktklasse entwickelt. Hier sind einige Informationen über den VW Scirocco:

Erste Generation (Typ 53): 1974-1981

Der Scirocco der ersten Generation wurde 1974 vorgestellt und basierte auf der Plattform des VW Golf.

Das Design des Scirocco stammte von Giorgetto Giugiaro und war für die Zeit revolutionär, mit seinen klaren Linien und sportlichen Proportionen.

Angetrieben wurde der Scirocco von verschiedenen Vierzylindermotoren, darunter auch der GTI-Motor mit 1,6 Litern Hubraum.

Die erste Generation des Scirocco erfreute sich großer Beliebtheit und trug zur Etablierung von Volkswagen als Anbieter von sportlichen Kompaktwagen bei.

Zweite Generation (Typ 53B): 1981-1992

Die zweite Generation des Scirocco wurde 1981 eingeführt und behielt das sportliche Design bei, erhielt jedoch einige Aktualisierungen.

Es wurden verschiedene Motorenoptionen angeboten, darunter auch GTI-Modelle mit leistungsstärkeren Motoren.

Der Scirocco der zweiten Generation war ein erfolgreiches Modell und wurde in den 1980er Jahren für seine Leistung und Agilität gelobt.

Dritte Generation (Typ 13): 2008-2017

Nach einer längeren Pause wurde der VW Scirocco 2008 mit einer völlig neuen Generation wiederbelebt.

Das Design wurde modernisiert und zeigte weiterhin sportliche Merkmale.

Diese Generation des Scirocco war mit einer Reihe von Benzin- und Dieselmotoren erhältlich und bot eine breite Palette von Leistungsstufen.

Der Scirocco der dritten Generation erhielt ein positives Feedback für sein ausgewogenes Fahrverhalten und seine hochwertige Verarbeitung.

Vierte Generation (Möglicherweise in der Zukunft)

Bis zu meinem Wissensstichtag im Januar 2022 gab es keine offizielle Ankündigung über eine vierte Generation des VW Scirocco. Volkswagen konzentrierte sich auf die Entwicklung von Elektrofahrzeugen, und die Zukunft des Scirocco war zu diesem Zeitpunkt ungewiss.

Der VW Scirocco hat im Laufe der Jahre eine treue Fangemeinde gewonnen und gilt als ein Symbol für sportliche Kompaktautos. Seine sportliche Ausrichtung, das charakteristische Design und die breite Palette von Motoren haben dazu beigetragen, dass der Scirocco in der Geschichte von Volkswagen einen besonderen Platz einnimmt. Ob und wann eine vierte Generation des Scirocco auf den Markt kommen wird, bleibt abzuwarten, aber die Marke Volkswagen hat sich weiterentwickelt, um den Anforderungen der modernen Automobilindustrie gerecht zu werden.

Andere begehrte deutsche Modelle

Wenn wir an deutsche Oldtimer denken, kommen uns oft Modelle von Herstellern wie Porsche, Mercedes-Benz und BMW in den Sinn. Diese Marken sind zweifellos bekannt für ihre ikonischen und begehrten Oldtimer. Es gibt jedoch auch eine Reihe von weniger bekannten deutschen Automobilherstellern, die in der Vergangenheit einzigartige und faszinierende Fahrzeuge produziert haben. In diesem Text werden wir uns einige dieser unbekannteren, aber dennoch äußerst begehrten deutschen Oldtimer-Modelle genauer ansehen.

Der Borgward Isabella - Ein vergessenes Meisterwerk

Der Borgward Isabella ist ein Oldtimer, der oft übersehen wird, aber eindeutig einen Platz in der Geschichte der deutschen Automobile verdient. Dieses Auto wurde von Carl F. W. Borgward, dem Gründer des Borgward-Unternehmens, entwickelt und 1954 vorgestellt.
Ein elegantes Design
Der Borgward Isabella zeichnete sich durch sein elegantes und zeitloses Design aus. Das Auto hatte geschwungene Linien, ein stilvolles Kühlergrilldesign und eine gut proportionierte Karosserie. Das Interieur war ebenfalls ansprechend gestaltet und verlieh dem Fahrzeug einen Hauch von Luxus.

Technische Merkmale

Der Isabella war mit einem Vierzylindermotor ausgestattet und bot eine angemessene Leistung für die damalige Zeit. Das Auto war für seine hervorragende Straßenlage und seine präzise Lenkung bekannt, was es zu einem Vergnügen machte, damit zu fahren.

Innovativ und fortschrittlich

Der Borgward Isabella war in technischer Hinsicht seiner Zeit voraus. Er verfügte über eine selbsttragende Karosserie, eine unabhängige Vorderradaufhängung und eine stabile Kastenrahmen-Konstruktion. Diese fortschrittlichen Merkmale trugen zur Beliebtheit des Isabella bei.

Der NSU Prinz 4 - Klein, aber bemerkenswert

Die NSU-Firmengruppe war ein deutscher Hersteller von Automobilen und Motorrädern, der in den 1950er und 1960er Jahren einige bemerkenswerte Fahrzeuge produzierte. Eines dieser Modelle war der NSU Prinz 4.

Ein Kleinwagen mit Charakter

Der NSU Prinz 4 war ein kompakter Kleinwagen, der sich durch sein unverwechselbares Design auszeichnete. Das Auto hatte eine charakteristische "Prinz" -Front, die ihm ein freundliches und sympathisches Aussehen verlieh.

Effizienter Heckmotor

Der Prinz 4 war mit einem Heckmotor ausgestattet, der Platz für vier Personen und ausreichend Gepäckraum bot. Dieser kompakte Antriebsstrang ermöglichte eine großzügige Innenraumnutzung und ein wendiges Fahrverhalten.

Erfolgreich im Motorsport

Obwohl der Prinz 4 ein Kleinwagen war, konnte er auch im Motorsport überzeugen. Er nahm erfolgreich an Rallyes und Rundstreckenrennen teil und erzielte beachtliche Leistungen.

Der Goggomobil - Winzig, aber bemerkenswert

Das Goggomobil war ein Mikroauto, das von der deutschen Firma Hans Glas GmbH in den 1950er und 1960er Jahren hergestellt wurde. Es ist eines der kleinsten Autos, die je produziert wurden, aber es hat einen besonderen Platz in der Geschichte der Automobilindustrie.

Minimale Größe, maximale Effizienz

Das Goggomobil war unglaublich klein und leicht, was es äußerst sparsam im Verbrauch machte. Es wurde in verschiedenen Varianten angeboten, darunter Limousine, Coupé und Transporter.

Einzigartige Konstruktion

Obwohl das Goggomobil winzig war, zeichnete es sich durch seine einzigartige Konstruktion aus. Es hatte eine selbsttragende Karosserie, die es leicht und dennoch stabil machte. Die Räder waren an den äußersten Ecken des Fahrzeugs platziert, was für eine überraschend großzügige Innenraumnutzung sorgte.

Kultureller Einfluss

Das Goggomobil wurde schnell zum Symbol für sparsame und praktische Mobilität. Es war besonders in Deutschland und anderen europäischen Ländern sehr beliebt und wird bis heute von Sammlern geschätzt.

Der Lloyd LP 400 - Ein Kleinwagen mit Charakter

Der Lloyd LP 400, ein Kleinwagen, der in den 1950er Jahren von der deutschen Lloyd Motoren Werke GmbH hergestellt wurde, ist ein weiteres vergessenes Juwel der deutschen Automobilgeschichte.

Ein kompaktes Design

Der Lloyd LP 400 hatte ein kompaktes und charakteristisches Design. Dieser Kleinwagen hatte ein fröhliches und freundliches Äußeres, das an die 1950er Jahre erinnerte.

Ein sparsamer Antrieb

Der LP 400 war mit einem Vierzylindermotor ausgestattet, der dem Fahrzeug eine ausreichende Leistung für den städtischen Verkehr verlieh. Obwohl er klein war, zeichnete sich der LP 400 durch seine Sparsamkeit und Effizienz aus.

Erfolgreiche Karriere im Motorsport

Der Lloyd LP 400 nahm an verschiedenen Motorsportveranstaltungen teil und erzielte bemerkenswerte Erfolge. Sein kleines, leichtes und wendiges Design ermöglichte ihm, in Rennen und Rallyes gut abzuschneiden.

Der Wartburg 311 - Ein Oldtimer aus dem Osten

Der Wartburg 311 ist ein Oldtimer, der aus der ehemaligen DDR stammt und in den 1950er und 1960er Jahren hergestellt wurde. Obwohl er weniger bekannt ist als seine westdeutschen Pendants, verdient der Wartburg 311 Aufmerksamkeit.

Eine ostdeutsche Legende

Der Wartburg 311 wurde von der Automobilfabrik Eisenach produziert und war eines der bekanntesten Modelle in der DDR. Dieser Kleinwagen war in Ostdeutschland äußerst beliebt und symbolisierte die Mobilität im sozialistischen Teil Deutschlands.

Historische Motorräder – immer beliebter

Klassische Motorräder haben sich im Laufe der Jahre zu begehrten Sammlerstücken und zeitlosen Symbolen des Motorradfahrens entwickelt. Sie verkörpern eine Ära, in der die Einfachheit des Designs und die mechanische Raffinesse im Mittelpunkt standen. Obwohl moderne Motorräder mit fortschrittlicher Technologie und Leistung glänzen, erfreuen sich klassische Motorräder einer anhaltenden Beliebtheit, die von Sammlern, Enthusiasten und Liebhabern gleichermaßen geteilt wird. In diesem Artikel werden wir die Gründe für die wachsende Beliebtheit klassischer Motorräder erkunden und warum diese historischen Maschinen immer noch die Herzen vieler erobern.

Die Faszination des Vintage-Stils

Ein Hauptgrund für die anhaltende Beliebtheit klassischer Motorräder ist der unvergleichliche Vintage-Stil, den sie verkörpern. Diese Maschinen sind zeitlose Kunstwerke, die eine einzigartige Ästhetik und Eleganz ausstrahlen. Von den glänzenden Chromteilen bis zu den handgefertigten Details erzählt jedes klassische Motorrad eine Geschichte und weckt nostalgische Gefühle. Die Retro-Designs erinnern an eine Zeit, in der Motorräder nicht nur Fortbewegungsmittel waren, sondern auch Ausdruck von Stil und Persönlichkeit.

Die Verbindung zur Geschichte

Klassische Motorräder sind fahrende Zeitkapseln, die uns mit der Geschichte des Motorradfahrens verbinden. Sie erinnern an die Pionierarbeit der Motorradhersteller und die Entwicklungen, die die Branche geprägt haben. Das Fahren eines klassischen Motorrads bedeutet, in die Vergangenheit zu reisen und die Technologie und das Design vergangener Tage zu erleben. Es ist eine Gelegenheit, die Evolution des Motorradsports zu schätzen und zu verstehen.

Die Handwerkskunst und Qualität

In den Zeiten, in denen klassische Motorräder gebaut wurden, war die Handwerkskunst von höchster Bedeutung. Jedes Motorrad wurde von erfahrenen Mechanikern von Hand gefertigt, wobei jedes Detail sorgfältig bearbeitet und montiert wurde. Diese Qualität und das Engagement für Exzellenz sind in jeder Schraube und jedem Zahnrad spürbar. Klassische Motorräder sind oft für ihre Langlebigkeit und Zuverlässigkeit bekannt, was sie zu idealen Sammlerstücken macht.

Das Erlebnis des Fahrens

Das Fahren eines klassischen Motorrads ist eine einzigartige Erfahrung. Es erfordert Geschicklichkeit und Aufmerksamkeit, da die Fahreigenschaften und die Handhabung im Vergleich zu modernen Motorrädern oft anspruchsvoller sind. Aber genau das macht den Reiz aus. Das Rattern des luftgekühlten Motors, das Schalten per Hand und das Fehlen von modernen Annehmlichkeiten wie ABS und Traktionskontrolle verleihen dem Fahren eine rohe und unmittelbare Qualität. Das Fahren eines klassischen Motorrads ist ein wahres Abenteuer und erfordert eine enge Verbindung zwischen Fahrer und Maschine.

Wertsteigerungspotenzial

Klassische Motorräder können nicht nur eine Freude sein, sondern auch eine lohnende Investition. Im Laufe der Jahre haben viele Modelle erheblich an Wert gewonnen, insbesondere solche in gutem Originalzustand oder nach sorgfältigen Restaurierungen. Sammler und Investoren erkennen das Potenzial von klassischen Motorrädern als wertstabile Anlage. Der Markt für klassische Motorräder floriert, und seltene Modelle erzielen auf Auktionen beachtliche Preise.

Bekannte deutsche und österreichische klassische Motorräder

Deutschland und Österreich haben eine reiche Geschichte in der Motorradherstellung und haben im Laufe der Jahre einige bemerkenswerte historische Motorräder hervorgebracht. Hier sind einige bekannte deutsche und österreichische historische Motorräder:

BMW R32 (1923): Die BMW R32 war das erste Motorrad, das von der Bayerischen Motoren Werke AG hergestellt wurde. Dieses Modell legte den Grundstein für BMWs Ruf als Hersteller hochwertiger und zuverlässiger Motorräder.

NSU Rennmax (1955): Die NSU Rennmax war ein bahnbrechendes Rennmotorrad und gilt als eine der leistungsstärksten Maschinen ihrer Zeit. Sie war ein Meilenstein in der Geschichte des Motorradrennsports.

DKW RT125 (1939): Die DKW RT125 war ein populäres Motorrad in der Nachkriegszeit und wurde in der DDR von MZ weiterproduziert. Sie ist für viele Menschen ein Symbol der deutschen Motorradkultur. Zündapp KS 750 (1938): Das Zündapp KS 750 war ein schweres Motorrad mit Beiwagen und wurde im Zweiten Weltkrieg von der Wehrmacht verwendet. Es ist ein bemerkenswertes Beispiel für militärische Motorräder.

Horex Regina (1953): Die Horex Regina war ein beeindruckendes Motorrad mit einem Sechs-Zylinder-Motor, der für seine Leistung und Zuverlässigkeit bekannt war.

Puch 500 (1931): Die Puch 500 war ein populäres Motorrad und gilt als eines der besten Motorräder, die von der österreichischen Firma Puch hergestellt wurden.

Laurin & Klement BZ (1903): Laurin & Klement war ein tschechisches Unternehmen, das später von Škoda übernommen wurde, aber seine Motorräder waren auch in Österreich sehr beliebt.

KTM R100 (1953): Die KTM R100 war ein beliebtes Rennmotorrad, das in den 1950er Jahren in Österreich hergestellt wurde. Sie war auf den Rennstrecken Europas erfolgreich.

Rotax Apache (1982): Die Rotax Apache war ein österreichisches Motocross-Motorrad, das in den 1980er Jahren in der Motocross-Welt erfolgreich war.

Puch 800 (1935): Die Puch 800 war ein weiteres bemerkenswertes Motorrad der österreichischen Marke Puch und wurde in den 1930er Jahren hergestellt.

Diese Motorräder sind nur einige Beispiele für die reiche Geschichte der Motorradherstellung in Deutschland und Österreich. Beide Länder haben eine starke Tradition in der Herstellung von hochwertigen und leistungsstarken Motorrädern, die die Herzen von Motorradenthusiasten auf der ganzen Welt erobert haben.

Kapitel 3: Wertsteigerungspotenzial

Faktoren, die den Wert beeinflussen

Deutsche Oldtimer haben in der Welt der klassischen Automobile einen besonderen Stellenwert. Fahrzeuge von Herstellern wie Mercedes-Benz, Porsche, BMW und Volkswagen haben eine reiche Geschichte und eine treue Anhängerschaft von Sammlern und Enthusiasten. Doch wenn es darum geht, den Wert eines Oldtimers zu bestimmen, spielen eine Vielzahl von Faktoren eine Rolle. In diesem Text werden wir uns eingehend mit den entscheidenden Aspekten befassen, die den Wert deutscher Oldtimer beeinflussen.

Die Rolle der Marke und des Modells

Die Marke und das Modell des Oldtimers sind von entscheidender Bedeutung für seinen Wert. Deutsche Hersteller wie Mercedes-Benz, Porsche und BMW haben einen erstklassigen Ruf für Qualität, Design und Ingenieurskunst. Oldtimer dieser Marken sind oft besonders begehrt und erzielen höhere Preise auf dem Markt.

Prestige und Ansehen

Mercedes-Benz steht beispielsweise für Luxus und Prestige, und viele ihrer historischen Modelle verkörpern diese Werte. Fahrzeuge wie der Mercedes-Benz 300SL "Flügeltürer" oder der Mercedes-Benz 540K gelten als Ikonen der Automobilgeschichte und erzielen auf Auktionen Rekordpreise.

Porsche als Maßstab für Sportlichkeit

Porsche ist für seine Sportwagenlegenden bekannt, darunter der Porsche 911, der Porsche 356 und der Porsche 550 Spyder. Diese Modelle bieten nicht nur eine herausragende Leistung, sondern auch eine einzigartige Designsprache, die sie bei Sammlern und Liebhabern begehrt macht.

BMW und die Freude am Fahren

BMW hat sich den Ruf erworben, "Freude am Fahren" zu bieten. Modelle wie der BMW 2002 und der BMW M1 sind bei Oldtimer-Enthusiasten besonders beliebt, da sie eine ausgewogene Mischung aus Leistung und Fahrdynamik bieten.

Volkswagen und der Käfer

Selbst Volkswagen, obwohl es als Massenhersteller begann, hat mit dem Volkswagen Käfer ein ikonisches Oldtimer-Modell geschaffen. Der Käfer ist nicht nur ein beliebtes Sammlerstück, sondern hat auch eine wichtige Rolle in der Popkultur gespielt, was seinen Wert steigert.

Seltenheit und Exklusivität

Die Seltenheit und Exklusivität eines Oldtimers sind entscheidende Faktoren für seinen Wert. Je seltener ein Modell ist, desto begehrter ist es bei Sammlern. Deutsche Hersteller haben im Laufe der Jahre einige seltene und exklusive Modelle produziert, die zu begehrten Oldtimern geworden sind.

Limitierte Auflagen

Einige Oldtimer wurden in limitierten Auflagen hergestellt, was ihre Exklusivität erhöht. Zum Beispiel wurden von einigen Porsche-Modellen nur wenige hundert Exemplare hergestellt, was sie zu begehrten Trophäen für Sammler macht.

Sonderanfertigungen und Einzelstücke

Einige Oldtimer wurden als Sonderanfertigungen oder sogar als Einzelstücke gebaut. Diese Fahrzeuge sind besonders exklusiv und erzielen oft außergewöhnlich hohe Preise. Ein individuell gefertigter Mercedes-Benz mit einer einzigartigen Karosserie oder ein von BMW speziell modifizierter M1 sind nur einige Beispiele für derartige Raritäten.

Historische Bedeutung

Der historische Hintergrund eines Oldtimers kann ebenfalls seine Seltenheit erhöhen. Wenn ein Oldtimer eine besondere Bedeutung in der Geschichte der Automobilindustrie hat, wird er oft als besonders wertvoll angesehen. Ein Beispiel hierfür ist der Mercedes-Benz 300SL "Flügeltürer", der nicht nur für sein ikonisches Design bekannt ist, sondern auch für seine bahnbrechende Gullwing-Tür und seine Rennerfolge.

Erhaltungszustand und Restaurierung

Der Erhaltungszustand eines Oldtimers spielt eine entscheidende Rolle bei der Wertermittlung. Oldtimer in gutem Zustand erzielen in der Regel höhere Preise als solche, die in einem schlechten Zustand sind.

Originalzustand vs. Restaurierung

Ein Originalfahrzeug, das seinen ursprünglichen Zustand weitgehend beibehalten hat, wird oft höher bewertet als ein Fahrzeug, das umfassend restauriert wurde. Originalität ist in der Welt der Oldtimer ein hohes Gut, da sie die Authentizität und Historie des Fahrzeugs bewahrt.

Qualität der Restaurierung

Wenn ein Oldtimer restauriert wurde, spielt die Qualität der Restaurierung eine entscheidende Rolle. Eine fachmännisch durchgeführte Restaurierung mit originalen Teilen und Fachkenntnissen kann den Wert erheblich steigern. Hingegen kann eine minderwertige Restaurierung oder eine unprofessionelle Arbeit den Wert mindern.

Patina und Unrestaurierte Exemplare

Einige Sammler schätzen den Charme von Oldtimern mit einer gewissen Patina, die durch das Altern des Fahrzeugs entsteht. Unrestaurierte Exemplare können bei Liebhabern hoch im Kurs stehen, da sie den authentischen Charakter und die Geschichte des Fahrzeugs bewahren.

Historische Bedeutung und Erfolge im Motorsport

Die historische Bedeutung und Erfolge im Motorsport können den Wert eines Oldtimers erheblich steigern. Wenn ein Oldtimer eine beeindruckende Rennkarriere hatte oder eine Schlüsselrolle in der Automobilgeschichte spielte, wird er oft besonders wertvoll.

Rennerfolge

Oldtimer, die in bedeutenden Rennveranstaltungen erfolgreich waren, wie die Mille Miglia, die Targa Florio oder Le Mans, können einen erheblichen Aufpreis erzielen. Solche Erfolge tragen zur Legendenbildung und zur historischen Bedeutung des Fahrzeugs bei.

Innovative Technik und Design

Ein Oldtimer, der fortschrittliche Technik oder ein einzigartiges Designmerkmal aufweist, kann besonders wertvoll sein. Beispiel hierfür ist der Porsche 959, der als einer der ersten Supersportwagen mit variabler Allradlenkung und Geschwindigkeitsrekorden bekannt war.

Sammlerstücke vs. Alltagsklassiker

Oldtimer üben eine besondere Faszination aus. Ihre zeitlose Eleganz, die handwerkliche Qualität und die nostalgische Anziehungskraft machen sie zu begehrten Sammlerstücken. Doch wenn es um die Wertentwicklung von Oldtimern geht, spielen verschiedene Faktoren eine entscheidende Rolle. In diesem Text werden wir uns eingehend mit dem Wertsteigerungspotenzial von Oldtimern befassen und den Unterschied zwischen "Alltagsklassikern" und "Sammlerstücken" beleuchten.

Die Welt der Oldtimer - Eine Leidenschaft und eine Investition

Oldtimer sind weit mehr als nur Autos. Sie sind ein Sammelobjekt, ein Stück Geschichte und oft eine Leidenschaft. Sammler und Liebhaber schätzen die handwerkliche Qualität, das Design und die Technik, die in diesen Fahrzeugen stecken. Aber sie sind auch immer mehr als eine reine Leidenschaft – sie sind eine Investition. Viele Menschen entscheiden sich bewusst dafür, in Oldtimer zu investieren, weil sie davon überzeugt sind, dass ihr Wert im Laufe der Zeit steigen wird.

Warum steigt der Wert von Oldtimern?

Das Wertsteigerungspotenzial von Oldtimern kann auf verschiedene Faktoren zurückgeführt werden. Zum einen sind sie in der Regel selten, da sie nicht mehr produziert werden. Je älter sie werden, desto seltener werden gut erhaltene Exemplare. Dies führt zu einer natürlichen Verknappung und kann die Preise in die Höhe treiben.
Zum anderen sind Oldtimer häufig mit einer besonderen Geschichte oder einem prominenten Vorbesitzer verbunden. Solche Geschichten und Verbindungen zur Vergangenheit können den Wert eines Oldtimers erheblich steigern.

Schließlich spielen auch technische und ästhetische Merkmale eine Rolle. Ein Oldtimer, der fortschrittliche Technik oder ein einzigartiges Design aufweist, kann besonders begehrt sein. Ein klassisches Beispiel hierfür ist der Porsche 911, der für seine bahnbrechende Technik und sein zeitloses Design bekannt ist.

Alltagsklassiker vs. Sammlerstücke - Definitionen und Unterschiede

Bevor wir uns mit dem Wertsteigerungspotenzial von Oldtimern befassen, ist es wichtig, die Begriffe "Alltagsklassiker" und "Sammlerstücke" genauer zu definieren und ihre Unterschiede zu beleuchten.

Alltagsklassiker sind Oldtimer, die noch immer im Alltagseinsatz zu finden sind. Sie werden von ihren Besitzern nicht nur als Sammlerstücke betrachtet, sondern sind regelmäßig auf der Straße unterwegs. Diese Oldtimer haben oft eine lange Lebensdauer und sind gut gewartet und gepflegt.
Ein Alltagsklassiker kann beispielsweise ein VW Käfer aus den 1960er Jahren sein, der immer noch als zuverlässiges Fortbewegungsmittel genutzt wird. Diese Fahrzeuge sind in der Regel nicht im Sammlermarkt, sondern auf dem Gebrauchtwagenmarkt zu finden.

Sammlerstücke hingegen sind Oldtimer, die primär als Investition und Sammlerobjekt betrachtet werden. Sie werden oft in speziellen Garagen oder Ausstellungsräumen aufbewahrt und nur selten auf der Straße gefahren. Sammlerstücke zeichnen sich in der Regel durch ihren besonders guten Zustand und ihre Originalität aus.
Ein Sammlerstück könnte beispielsweise ein seltener Mercedes-Benz 300SL "Flügeltürer" aus den 1950er Jahren sein, der in einer privaten Sammlung aufbewahrt wird. Diese Fahrzeuge sind häufig auf Auktionen und in Oldtimerausstellungen zu finden.

Alltagsklassiker - Wertsteigerungspotenzial im täglichen Einsatz

Alltagsklassiker sind Oldtimer, die trotz ihres Alters und ihrer Geschichte immer noch ihren ursprünglichen Zweck erfüllen können – das Fahren. Doch wie sieht es mit ihrem Wertsteigerungspotenzial aus? Gibt es eine reale Chance, dass diese Fahrzeuge im täglichen Gebrauch an Wert gewinnen?

Alltagsklassiker im Gebrauch

Die Nutzung eines Alltagsklassikers im täglichen Verkehr hat sowohl Vor- als auch Nachteile. Der Besitz eines Oldtimers, den man fahren kann, ist ein einzigartiges Erlebnis, das die Faszination für klassische Autos weiter vertieft. Es ermöglicht den Besitzern, die Geschichte und das Erbe dieser Fahrzeuge auf eine besondere Weise zu erleben.

Wertsteigerungspotenzial

In der Regel ist das Wertsteigerungspotenzial von Alltagsklassikern im täglichen Gebrauch begrenzt. Dies liegt daran, dass sie einem erhöhten Verschleiß ausgesetzt sind, was die Originalität und den Erhaltungszustand beeinträchtigen kann. Der Wertzuwachs bei diesen Fahrzeugen ist oft langsamer und kann im besten Fall mit der Inflation Schritt halten.

Es gibt jedoch Ausnahmen. In einigen Fällen können seltene Alltagsklassiker, die in einem außergewöhnlich guten Zustand sind und eine besondere Geschichte haben, im Wert steigen. Ein Beispiel hierfür sind gut erhaltene Porsche 911-Modelle, die seit Jahrzehnten als zuverlässige Sportwagen im Einsatz sind und dennoch ihren Wert behalten oder sogar steigern können.

Sammlerstücke - Die Könige des Oldtimer-Marktes

Sammlerstücke sind die Könige des Oldtimer-Marktes. Sie zeichnen sich durch ihren ausgezeichneten Erhaltungszustand, ihre Originalität und ihre einzigartige Geschichte aus. Doch wie hoch ist das Wertsteigerungspotenzial für diese Fahrzeuge?

Exklusivität und Seltenheit

Ein Schlüsselfaktor für das Wertsteigerungspotenzial von Sammlerstücken ist ihre Exklusivität und Seltenheit. Je seltener ein Oldtimer ist, desto höher ist sein Sammlerwert. Besonders gefragt sind Modelle, von denen nur wenige Exemplare hergestellt wurden oder die aufgrund historischer Ereignisse oder berühmter Vorbesitzer eine ein

Restaurierung und Pflege

Oldtimer üben auf viele Menschen eine besondere Faszination aus. Die zeitlose Eleganz, das handwerkliche Können und die nostalgische Anziehungskraft dieser Fahrzeuge machen sie zu begehrten Sammlerstücken. Doch wenn es darum geht, das Wertsteigerungspotenzial von Oldtimern zu realisieren, spielt die Restaurierung und Pflege eine entscheidende Rolle. In diesem Text werden wir uns intensiv mit dem Einfluss von Restaurierung und Pflege auf das Wertsteigerungspotenzial von Oldtimern befassen.

Die Bedeutung der Originalität

Die Originalität eines Oldtimers ist ein Schlüsselfaktor für sein Wertsteigerungspotenzial. Originalität bedeutet, dass ein Fahrzeug seinen ursprünglichen Zustand weitgehend bewahrt hat, einschließlich seiner technischen Komponenten, Ausstattung und Lackierung. Hier sind einige wichtige Aspekte der Originalität:

Originaler Lack

Der Original-Lack eines Oldtimers ist ein wichtiger Faktor für seine Originalität. Ein Fahrzeug mit seinem ersten Lack kann einen erheblichen Aufpreis erzielen. Dies zeigt, dass das Auto über die Jahre hinweg gut gepflegt wurde und keine umfangreichen Reparaturen oder Neulackierungen erforderlich waren.

Originaler Motor

Der Originalmotor eines Oldtimers kann einen erheblichen Einfluss auf seinen Wert haben. Ein Oldtimer, der noch immer mit seinem werkseitig installierten Motor fährt, wird oft höher bewertet. Die Originalität des Motors kann durch eine umfangreiche Dokumentation nachgewiesen werden.

Originaler Innenraum

Der Originalzustand des Innenraums ist ein weiterer wichtiger Faktor. Ein authentischer Innenraum, der noch immer die werkseitige Ausstattung und Verkleidungen aufweist, kann den Wert des Oldtimers steigern.

Originaldokumentation

Die originalen Unterlagen und Dokumentationen, die den Lebenslauf des Fahrzeugs belegen, sind entscheidend für seine Originalität und können den Wert erheblich steigern. Dazu gehören Werkstattrechnungen, Servicehefte und sogar der originale Kaufvertrag.

Restaurierung vs. Konservierung

Bei der Wiederherstellung eines Oldtimers besteht oft die Versuchung, eine umfassende Restaurierung durchzuführen, um das Fahrzeug in "wie neu" Zustand zu versetzen. Während eine hochwertige Restaurierung den ästhetischen Zustand verbessern kann, kann sie die Originalität des Fahrzeugs beeinträchtigen. Es ist wichtig, zwischen Restaurierung und Konservierung abzuwägen und die Auswirkungen auf das Wertsteigerungspotenzial zu berücksichtigen.

Die Herausforderungen der Restaurierung

Die Restaurierung eines Oldtimers ist ein komplexer Prozess, der sowohl technisches Know-how als auch Geduld erfordert. Wenn sie unsachgemäß durchgeführt wird, kann die Restaurierung den Wert des Oldtimers tatsächlich mindern. Hier sind einige Herausforderungen, die bei der Restaurierung zu beachten sind:

Übereifer bei der Wiederherstellung

Ein häufiger Fehler bei der Restaurierung ist der Übereifer, bei dem versucht wird, jedes Detail des Fahrzeugs auf den "wie neu" Zustand zurückzuführen. Dies kann zu einer Überrestaurierung führen, bei der die Originalität beeinträchtigt wird. Das Ergebnis kann ein Oldtimer sein, der zwar makellos aussieht, aber seinen historischen Charme und Wert verliert.

Originalteile und Ersatzteile

Die Beschaffung von Originalteilen für Oldtimer kann eine Herausforderung darstellen. Manchmal sind Teile nicht mehr verfügbar, und es müssen Reproduktionen verwendet werden. In anderen Fällen sind Originalteile zwar verfügbar, aber teuer. Die Wahl zwischen originalen und reproduzierten Teilen sollte sorgfältig abgewogen werden, da sie Auswirkungen auf die Originalität und den Wert des Oldtimers hat.

Handwerkliche Fähigkeiten

Die Restaurierung eines Oldtimers erfordert handwerkliche Fähigkeiten und technisches Wissen. Unsachgemäße Reparaturen oder mangelnde Erfahrung können zu Problemen führen. Es ist ratsam, die Arbeit von qualifizierten Restaurierungsexperten durchführen zu lassen, um den bestmöglichen Erhaltungszustand und die Originalität des Fahrzeugs zu gewährleisten.

Historische Genauigkeit

Die historische Genauigkeit ist ein weiterer wichtiger Aspekt bei der Restaurierung. Die Suche nach Informationen über die ursprüngliche Ausstattung und den Zustand des Fahrzeugs ist entscheidend, um sicherzustellen, dass die Restaurierung den historischen Charakter des Oldtimers respektiert.

Die Kunst der Konservierung

Die Konservierung eines Oldtimers beinhaltet das Bewahren und Schützen des Originalzustands des Fahrzeugs. Dieser Ansatz zielt darauf ab, den historischen Charakter des Oldtimers zu erhalten und zu schützen. Hier sind einige wichtige Aspekte der Konservierung:

Bewahrung des Originalzustands

Der Schlüssel zur Konservierung liegt in der Bewahrung des Originalzustands des Oldtimers. Das bedeutet, dass so viele der originalen Komponenten und Ausstattungsteile wie möglich erhalten bleiben. Dies kann den Wert des Oldtimers steigern, da er seine Authentizität bewahrt.

Regelmäßige Wartung

Die regelmäßige Wartung ist ein wichtiger Aspekt der Konservierung. Es ist entscheidend, den Oldtimer in einem guten technischen Zustand zu halten, um den Wert zu erhalten. Dies beinhaltet den Schutz vor Rost, die Überprüfung der mechanischen Komponenten und die Pflege der Lackierung.

Schutz vor Umwelteinflüssen

Der Oldtimer sollte vor schädlichen Umwelteinflüssen geschützt werden. Dies beinhaltet den Schutz vor extremen Temperaturen, Feuchtigkeit und UV-Strahlung. Ein guter Stellplatz oder eine Garage sind wichtige Voraussetzungen für die Konservierung eines Oldtimers.

Die Bedeutung der Pflege

Die Pflege von Oldtimern geht weit über das Waschen und Polieren hinaus. Sie ist entscheidend für die Erhaltung des ursprünglichen Zustands, der Authentizität und des Sammlerwerts dieser Fahrzeuge. Hier sind einige Gründe, warum die Pflege von Oldtimern von größter Bedeutung ist:

Werterhalt

Eine sorgfältige Pflege kann den Wert eines Oldtimers erheblich steigern. Ein gut erhaltener und gepflegter Oldtimer erzielt auf dem Markt oft einen höheren Preis als ein vernachlässigtes Fahrzeug.

Authentizität

Die Pflege trägt zur Authentizität des Oldtimers bei. Originalität ist ein entscheidender Faktor für den Wert eines Oldtimers, und die richtige Pflege trägt dazu bei, den ursprünglichen Zustand des Fahrzeugs zu bewahren.

Geschichte bewahren

Oldtimer sind historische Fahrzeuge, die einen einzigartigen Einblick in die Vergangenheit bieten. Die Pflege hilft, diese Geschichte zu bewahren und den Oldtimer als Zeitzeugen intakt zu halten.

Regelmäßige Reinigung und Wartung

Eine regelmäßige Reinigung und Wartung ist der Grundstein für die Pflege von Oldtimern. Hier sind einige Schritte, die bei der Pflege regelmäßig durchgeführt werden sollten:

Reinigung

Die regelmäßige Reinigung ist entscheidend, um Schmutz, Staub und andere Verunreinigungen von der Lackierung, den Chromteilen und dem Innenraum zu entfernen. Verwenden Sie milde Reinigungsmittel und weiche Tücher, um Kratzer zu vermeiden. Ein sorgfältiges Abtrocknen nach der Reinigung ist wichtig, um Rost zu verhindern.

Rostschutz

Rost ist der Erzfeind von Oldtimern. Um Rostbildung zu verhindern, sollte der Oldtimer regelmäßig auf Beschädigungen am Lack überprüft werden. Selbst kleine Kratzer und Abplatzer können zu Rost führen. Reparieren Sie diese Schäden umgehend und schützen Sie die betroffenen Stellen mit geeigneten Rostschutzmitteln.

Motorraum und Unterboden

Der Motorraum und der Unterboden sollten regelmäßig gereinigt und inspiziert werden. Dies hilft, Schmutz und Ablagerungen zu entfernen, die die mechanischen Teile beeinträchtigen könnten. Stellen Sie sicher, dass diese Bereiche gut getrocknet sind, um Korrosion zu verhindern.

Reifen und Felgen

Die Reifen und Felgen sollten sauber gehalten werden, um die Lebensdauer der Reifen zu verlängern und die ästhetische Erscheinung zu bewahren. Achten Sie auf den Reifendruck und ersetzen Sie abgenutzte Reifen rechtzeitig.

Ölwechsel und Schmierung

Die regelmäßige Wartung des Motors und der Schmierung ist entscheidend, um den Motor in gutem Zustand zu halten. Beachten Sie die vom Hersteller empfohlenen Intervalle für Ölwechsel und Schmierung.

Bremsen und Aufhängung

Die Bremsen und die Aufhängung sollten regelmäßig überprüft und gewartet werden. Bremsflüssigkeitswechsel und der Austausch von Bremsbelägen sind wichtige Maßnahmen, um die Sicherheit zu gewährleisten.

Innenraumpflege

Die Pflege des Innenraums ist ebenso wichtig wie die Pflege des Exterieurs. Hier sind einige Schritte, die Sie beachten sollten:

Reinigung des Innenraums

Der Innenraum sollte regelmäßig gereinigt werden, um Staub, Schmutz und Ablagerungen zu entfernen. Verwenden Sie spezielle Reinigungsmittel, um die verschiedenen Oberflächen, wie Leder, Vinyl und Stoff, zu pflegen.

Lederpflege

Wenn der Oldtimer über Ledersitze oder -verkleidungen verfügt, sollten diese regelmäßig gereinigt und gepflegt werden. Lederpflegemittel erhalten die Weichheit und Geschmeidigkeit des Leders und verhindern Rissbildung.

Polster und Teppiche

Polster und Teppiche sollten auf Flecken und Verschmutzungen überprüft werden. Flecken sollten so schnell wie möglich entfernt werden, um dauerhafte Schäden zu vermeiden. Die Verwendung von Polsterschonern kann dazu beitragen, den Originalzustand zu erhalten.

Armaturenbrett und Instrumente

Das Armaturenbrett und die Instrumente sollten ebenfalls gepflegt werden. Verwenden Sie spezielle Reinigungsmittel für Kunststoffoberflächen und vermeiden Sie den Einsatz von aggressiven Reinigungsmitteln, die das Material beschädigen könnten.

Kapitel 4: Investmentstrategien

Kaufentscheidungen und Timing

Investmentstrategien für Oldtimer

Die Entscheidung, in Oldtimer zu investieren, erfordert die Anwendung geeigneter Strategien und einen klaren Investitionsansatz. Hier sind einige gängige Investmentstrategien, die bei der Auswahl und dem Kauf von Oldtimern angewendet werden:

Langfristige Investition

Die langfristige Investition in Oldtimer beinhaltet den Erwerb eines Oldtimers mit dem Ziel, ihn über viele Jahre zu halten. Der Fokus liegt auf der Werterhaltung und möglichen Wertsteigerung im Laufe der Zeit. Diese Strategie erfordert Geduld und die Auswahl eines geeigneten Oldtimers, der historische Bedeutung und Marktnachfrage aufweist.

Kurzfristige Investition

Die kurzfristige Investition zielt darauf ab, einen Oldtimer mit dem Ziel zu erwerben, ihn in absehbarer Zeit mit Gewinn zu verkaufen. Investoren konzentrieren sich oft auf begehrte Modelle oder Fahrzeuge mit besonderen Eigenschaften, die kurzfristig an Wert gewinnen können. Diese Strategie erfordert eine sorgfältige Marktbeobachtung und ein tiefes Verständnis für aktuelle Trends.

Restaurierungsprojekte

Das Investieren in Oldtimer-Restaurierungsprojekte beinhaltet den Kauf eines Oldtimers, der in einem restaurierungsbedürftigen Zustand ist, und die Durchführung einer umfassenden Restaurierung. Dies erfordert handwerkliches Geschick und Zeit, kann aber eine lohnende Strategie sein, da der Wert eines Oldtimers nach einer professionellen Restaurierung erheblich steigen kann.

Diversifikation

Ein Ansatz zur Diversifikation besteht darin, in Oldtimer unterschiedlicher Marken, Modelle oder Epochen zu investieren. Dies verringert das Risiko und kann die Chancen auf eine positive Rendite erhöhen.

Sammlungsaufbau

Einige Investoren bauen gezielt Sammlungen von Oldtimern auf. Sie konzentrieren sich auf eine bestimmte Marke, Epoche oder Modellreihe und erwerben mehrere Fahrzeuge, um eine beeindruckende Sammlung aufzubauen. Diese Strategie erfordert ein tiefes Verständnis für den Oldtimermarkt und eine beträchtliche Investition.

Die Kaufentscheidung bei Oldtimern

Die Auswahl und der Kauf des richtigen Oldtimers sind entscheidend für den Erfolg der Investmentstrategie. Hier sind einige entscheidende Faktoren und Schritte, die bei der Kaufentscheidung berücksichtigt werden sollten:

Marktrecherche und Analysen

Eine gründliche Recherche und Marktanalyse sind unerlässlich, um das gewünschte Investmentziel zu erreichen. Die Untersuchung von Preisen, Trends und die Identifizierung begehrter Modelle sind entscheidende Schritte. Hierbei können Expertenberatung und die Teilnahme an Oldtimer-Auktionen hilfreich sein.

Klare Ziele und Budget

Die Festlegung klarer Investitionsziele und ein realistisches Budget sind entscheidende Faktoren. Es ist wichtig zu wissen, ob Sie den Oldtimer zur Werterhaltung oder für kurzfristige Gewinne erwerben möchten. Ihr Budget bestimmt auch die Auswahl an Oldtimern, die für Sie in Frage kommen.

Historie und Dokumentation

Eine gründliche Überprüfung der Historie und Dokumentation des Oldtimers ist von größter Bedeutung. Historische Nachweise, Inspektionsberichte und Service-Dokumente können auf den Zustand und die Authentizität des Fahrzeugs hinweisen.

Zustand und Wartungsgeschichte

Der Zustand des Oldtimers und seine Wartungsgeschichte sind entscheidend. Eine professionelle Inspektion kann versteckte Mängel aufdecken und Hinweise auf notwendige Reparaturen oder Restaurierungsarbeiten liefern.

Originalität

Die Originalität des Oldtimers spielt eine wichtige Rolle in Bezug auf seinen Wert und seine Authentizität. Ein Oldtimer mit seinen originalen Teilen und Ausstattungskomponenten kann einen höheren Wert haben.

Warum ist das Timing wichtig?

Das Timing beim Oldtimerkauf ist von entscheidender Bedeutung, da der Oldtimermarkt in hohem Maße von Angebot und Nachfrage beeinflusst wird. Oldtimer sind nicht nur Sammlerstücke, sondern auch finanzielle Investitionen. Um den besten Wert für Ihr Geld zu erhalten und langfristig von Ihrer Investition zu profitieren, ist es ratsam, den richtigen Zeitpunkt für den Kauf abzupassen. Hier sind einige Gründe, warum das Timing wichtig ist:

Marktschwankungen

Der Oldtimermarkt unterliegt ständigen Schwankungen. Die Preise können je nach Angebot und Nachfrage erheblichen Schwankungen unterliegen. Das Timing kann dazu beitragen, einen Oldtimer zu einem günstigen Preis zu erwerben und von künftigen Marktwertsteigerungen zu profitieren.

Jahreszeiten und Wetterbedingungen

Die Jahreszeiten und Wetterbedingungen können beim Oldtimerkauf eine Rolle spielen. In einigen Regionen sind Oldtimer in den Wintermonaten möglicherweise günstiger, da sie weniger gefahren werden und die Nachfrage geringer ist. Der Kauf eines Oldtimers im Winter kann daher eine Gelegenheit bieten, einen besseren Preis zu erzielen.

Auktionen und Veranstaltungen

Auktionen und Oldtimer-Veranstaltungen sind beliebte Orte für den Kauf von Oldtimern. Das Timing kann entscheidend sein, da auf Auktionen oft eine Vielzahl von Fahrzeugen angeboten wird, und die Konkurrenz um begehrte Modelle intensiv sein kann. Es ist wichtig, den Markt und die Termine dieser Veranstaltungen sorgfältig zu beobachten.

Überlegungen beim Timing des Oldtimerkaufs

Beim Timing des Oldtimerkaufs sind verschiedene Faktoren zu berücksichtigen. Hier sind einige Überlegungen, die Ihnen bei der Entscheidung helfen können:

Budget

Ihr Budget ist ein entscheidender Faktor beim Timing des Oldtimerkaufs. Es ist wichtig, Ihr Budget realistisch zu bewerten und festzulegen, wie viel Sie bereit sind, für einen Oldtimer auszugeben. Der Zeitpunkt Ihres Kaufs sollte zu Ihrem Budget passen.

Verkaufszyklen

Die Preise von Oldtimern unterliegen Verkaufszyklen. Es gibt Zeiten im Jahr, zu denen die Preise tendenziell niedriger sind, und andere, zu denen sie steigen. Einige Verkaufszyklen sind saisonbedingt, während andere von Faktoren wie Veranstaltungen und Auktionen abhängen. Eine gründliche Marktforschung kann Ihnen helfen, diese Zyklen zu verstehen.

Angebot und Nachfrage

Die Angebot und Nachfrage auf dem Oldtimermarkt sind wichtige Faktoren für das Timing. Wenn die Nachfrage nach einem bestimmten Modell steigt, steigen in der Regel auch die Preise. Die Beobachtung von Trends und das Verständnis der aktuellen Marktsituation sind entscheidend.

Saisonale Überlegungen

Saisonalität kann beim Oldtimerkauf eine Rolle spielen. In einigen Regionen sind Oldtimer in den Wintermonaten möglicherweise günstiger, da sie in dieser Zeit weniger gefahren werden. Andererseits kann die Frühjahrssaison eine erhöhte Nachfrage und damit höhere Preise mit sich bringen.

Veranstaltungen und Auktionen

Oldtimer-Auktionen und Veranstaltungen sind wichtige Orte für den Kauf von Oldtimern. Das Timing dieser Veranstaltungen kann entscheidend sein. Informieren Sie sich über bevorstehende Auktionstermine und Veranstaltungen, um gezielt nach Fahrzeugen zu suchen.

Der langfristige Aspekt

Während das kurzfristige Timing beim Oldtimerkauf wichtig ist, sollten Sie auch den langfristigen Aspekt in Betracht ziehen. Oldtimer sind oft langfristige Investitionen, die im Laufe der Zeit an Wert gewinnen können. Hier sind einige Überlegungen zur langfristigen Planung:

Wertsteigerungspotenzial

Oldtimer haben das Potenzial, im Laufe der Jahre an Wert zu gewinnen. Der Zeitpunkt Ihres Kaufs kann sich in den kommenden Jahren als entscheidend für den Wert Ihres Fahrzeugs erweisen.

Pflege und Wartung

Die Pflege und Wartung eines Oldtimers sind entscheidend für seinen langfristigen Wert. Ein gut gepflegter Oldtimer wird voraussichtlich schneller an Wert gewinnen als ein vernachlässigtes Fahrzeug.

Authentizität und Originalität

Die Originalität und Authentizität des Oldtimers sind wichtige Faktoren für sein langfristiges Wertsteigerungspotenzial. Ein Oldtimer, der in seinem originalen Zustand gut erhalten ist, wird voraussichtlich mehr wert sein als ein stark modifiziertes Fahrzeug.

Expertenrat und Marktforschung

Der Rat von Experten und die Durchführung umfassender Marktforschung sind von großer Bedeutung beim Timing des Oldtimerkaufs. Experten können Ihnen dabei helfen, aktuelle Markttrends und zukünftige Prognosen zu verstehen. Die Teilnahme an Oldtimer-Veranstaltungen, der Kontakt zu Sammlern und die Beratung von Fachleuten können Ihnen wertvolle Informationen liefern.

Die gründliche Recherche des Marktes und die Beobachtung der Preisentwicklung sind ebenfalls unerlässlich. Der Oldtimermarkt kann sich regional und je nach Fahrzeugtyp erheblich unterscheiden. Die Untersuchung von historischen Preisdaten und die Identifizierung aufstrebender Modelle können dazu beitragen, den richtigen Zeitpunkt für den Kauf zu bestimmen.

Diversifikation im Oldtimer-Portfolio

Diversifikation im Portfolio - Warum ist sie wichtig?

Die Diversifikation im Portfolio ist eine bewährte Strategie, um Risiken zu minimieren und langfristige Renditen zu optimieren. Sie besteht darin, Anlagen in unterschiedlichen Anlageklassen zu halten, um das Gesamtrisiko zu streuen. Warum ist Diversifikation wichtig?

Risikoreduzierung

Durch die Streuung Ihres Vermögens in verschiedene Anlageklassen können Sie das Gesamtrisiko im Portfolio reduzieren. Wenn eine Anlageklasse unterdurchschnittliche Ergebnisse erzielt, können andere dies ausgleichen.

Volatilität abmildern

Ein diversifiziertes Portfolio kann die Volatilität abmildern. Wenn Märkte stark schwanken, können unterschiedliche Anlagen in Ihrem Portfolio diese Schwankungen ausgleichen.

Stabilität der Renditen

Die Diversifikation kann dazu beitragen, die Stabilität der Renditen im Laufe der Zeit zu gewährleisten. Es ermöglicht Investoren, langfristige Finanzziele zu erreichen und Unwägbarkeiten des Marktes zu bewältigen.

Chancennutzung

Die Diversifikation eröffnet die Möglichkeit, von Chancen in verschiedenen Anlageklassen zu profitieren. Wenn eine Anlageklasse stark wächst, können Sie davon profitieren.

Die Rolle von Oldtimern in einem diversifizierten Portfolio

Oldtimer als Anlageklasse bieten eine einzigartige Möglichkeit zur Diversifikation in einem Portfolio. Hier sind einige Gründe, warum Oldtimer eine Rolle in einem diversifizierten Portfolio spielen können:

Geringe Korrelation zu traditionellen Anlagen

Oldtimer haben in der Regel eine geringe Korrelation zu traditionellen Anlagen wie Aktien und Anleihen. Dies bedeutet, dass ihre Wertentwicklung nicht notwendigerweise von den gleichen Faktoren beeinflusst wird. In Zeiten wirtschaftlicher Unsicherheit können Oldtimer dazu beitragen, das Gesamtrisiko im Portfolio zu verringern.

Langfristiges Wertsteigerungspotenzial

Oldtimer haben das Potenzial, im Laufe der Zeit an Wert zu gewinnen. Ihr langfristiges Wertsteigerungspotenzial kann dazu beitragen, die langfristigen Renditen in einem Portfolio zu steigern.

Schutz vor Inflation

Oldtimer dienen als Inflationsschutz. Da sie oft an Wert gewinnen, können sie helfen, den Wert des Portfolios im Laufe der Zeit zu erhalten, insbesondere in Zeiten steigender Inflation.

Emotionale Befriedigung und Freude

Die Investition in Oldtimer bietet nicht nur finanzielle Vorteile, sondern auch Freude und Leidenschaft. Das Sammeln und Pflegen von Oldtimern kann eine erfüllende Erfahrung sein.

Diversifikation im Oldtimerportfolio - Praktische Ansätze

Die Diversifikation im Oldtimerportfolio erfordert sorgfältige Planung und Auswahl geeigneter Fahrzeuge. Hier sind einige praktische Ansätze, um Oldtimer in Ihr Portfolio zu integrieren:

Auswahl verschiedener Marken und Modelle

Streben Sie eine breite Vielfalt von Marken und Modellen an. Dies hilft, das Risiko zu streuen und die Abhängigkeit von einer einzigen Anlage zu minimieren.

Unterschiedliche Epochen und Stile

Integrieren Sie Oldtimer aus verschiedenen Epochen und Stilen in Ihr Portfolio. Ein Mix aus Vintage-, Klassik- und zeitgenössischen Fahrzeugen kann zur Diversifikation beitragen.

Internationale Vielfalt

Erwägen Sie die Einbeziehung internationaler Oldtimer in Ihr Portfolio. Fahrzeuge aus verschiedenen Ländern können unterschiedliche Marktzugangschancen bieten und zur Risikostreuung beitragen.

Wertklassen

Betrachten Sie Oldtimer in verschiedenen Wertklassen. Dies kann von preisgünstigen Klassikern bis hin zu High-End-Sammlerfahrzeugen reichen. Die Kombination unterschiedlicher Wertklassen kann das Risiko minimieren.

Expertenrat und Marktforschung

Die Zusammenarbeit mit Experten und die Durchführung gründlicher Marktforschung sind wesentliche Schritte bei der Diversifikation im Oldtimerportfolio. Experten können Ihnen helfen, aktuelle Markttrends und zukünftige Prognosen zu verstehen. Die Teilnahme an Oldtimer-Veranstaltungen, der Kontakt zu Sammlern und die Beratung von Fachleuten können wertvolle Informationen liefern.
Die gründliche Untersuchung des Marktes und die Beobachtung der Preisentwicklung sind ebenfalls entscheidend. Der Oldtimermarkt kann sich regional und je nach Fahrzeugtyp erheblich unterscheiden. Historische Preisdaten und die Identifizierung aufstrebender Modelle können dazu beitragen, eine gut durchdachte Diversifikationsstrategie zu entwickeln.

Versicherung und Lagerung

Historische Fahrzeuge, sei es ein seltener Oldtimer, ein klassischer Sportwagen oder ein Vintage-Motorrad, sind nicht nur Fortbewegungsmittel, sondern lebendige Zeugen der Automobilgeschichte. Für Liebhaber und Sammler historischer Fahrzeuge sind diese automobilen Schätze von unschätzbarem Wert. Die richtige Versicherung ist ein entscheidender Schutz, um diese Kulturerbestücke zu bewahren. In diesem Text widmen wir uns ausführlich dem Thema "Versicherungen für historische Fahrzeuge".

Warum sind spezielle Versicherungen für historische Fahrzeuge notwendig?

Historische Fahrzeuge unterscheiden sich in vielerlei Hinsicht von modernen Autos, was spezielle Versicherungen erforderlich macht. Hier sind einige Gründe, warum spezielle Versicherungen für historische Fahrzeuge notwendig sind:

Wertvolle Sammlerstücke

Historische Fahrzeuge sind oft wahre Sammlerstücke und können beträchtliche Werte repräsentieren. Standard-Autoversicherungen berücksichtigen normalerweise nicht den besonderen Wert und die Wertsteigerung historischer Fahrzeuge. Spezielle Versicherungen bieten eine angemessene Abdeckung für diese wertvollen Fahrzeuge.

Seltenheit und Ersatzteile

Historische Fahrzeuge sind oft selten und verwenden spezielle, nicht mehr leicht erhältliche Ersatzteile. Im Falle eines Schadens ist eine Versicherung notwendig, die die Beschaffung und den Einbau dieser Teile abdeckt.

Geringe Fahrleistung

Historische Fahrzeuge werden in der Regel nicht im Alltagsverkehr eingesetzt, sondern für besondere Anlässe oder zur Teilnahme an Veranstaltungen genutzt. Dies reduziert das Risiko von Unfällen oder Schäden im Vergleich zu einem täglich gefahrenen Auto. Spezielle Versicherungen berücksichtigen die geringe Fahrleistung und passen die Prämien entsprechend an.

Fachwissen erforderlich

Die Bewertung und Absicherung historischer Fahrzeuge erfordert spezielles Wissen und Erfahrung. Die Wahl einer Versicherungsgesellschaft, die sich auf historische Fahrzeuge spezialisiert hat, bietet Zugang zu Expertenwissen und individuellem Service.

Welche Arten von Versicherungen sind verfügbar?

Es gibt verschiedene Arten von Versicherungen, die für historische Fahrzeuge erhältlich sind, und sie sind auf die speziellen Bedürfnisse von Sammlern und Liebhabern zugeschnitten:

Vereinbarter Wert

Eine Vereinbarter-Wert-Versicherung ermöglicht es Ihnen, im Voraus den Wert Ihres historischen Fahrzeugs mit der Versicherungsgesellschaft festzulegen. Im Falle eines Totalverlusts wird Ihnen der vereinbarte Wert erstattet, unabhängig von aktuellen Marktwertschwankungen.

Stückprämie

Die Stückprämienversicherung richtet sich nach der Anzahl der historischen Fahrzeuge in Ihrer Sammlung und nicht nach deren individuellem Wert. Diese Versicherungsart kann kosteneffektiv sein, wenn Sie mehrere Fahrzeuge besitzen.

Haftpflichtversicherung

Die Haftpflichtversicherung ist in den meisten Ländern gesetzlich vorgeschrieben und schützt Sie vor Ansprüchen Dritter im Falle eines Unfalls. Für historische Fahrzeuge sollte die Deckung jedoch auf den historischen Charakter des Fahrzeugs zugeschnitten sein.

Schutz vor Schäden und Diebstahl

Zusätzlich zur Haftpflichtversicherung sollten historische Fahrzeuge vor Schäden und Diebstahl geschützt sein. Spezielle Versicherungen bieten Schutz vor physischen Schäden, Vandalismus und Diebstahl, der oft spezielle Sicherheitsanforderungen erfüllen muss.

Wie wird der Wert eines historischen Fahrzeugs festgelegt?

Die Festlegung des Werts eines historischen Fahrzeugs ist ein entscheidender Schritt bei der Auswahl der richtigen Versicherung. Hier sind einige Faktoren, die den Wert eines historischen Fahrzeugs beeinflussen:

Originalität und Zustand

Der Originalzustand und der Erhaltungszustand des Fahrzeugs spielen eine große Rolle bei der Wertfestlegung. Je originaler und besser der Zustand des Fahrzeugs ist, desto höher ist sein Wert.

Seltenheit

Die Seltenheit des Fahrzeugs auf dem Markt beeinflusst seinen Wert. Je seltener ein Modell ist, desto begehrter und wertvoller kann es sein.

Historische Bedeutung

Fahrzeuge mit besonderer historischer Bedeutung, wie beispielsweise Rennwagen oder Prototypen, haben oft einen höheren Wert.

Marktnachfrage

Die aktuelle Marktnachfrage nach einem bestimmten Modell oder Typ kann erheblichen Einfluss auf seinen Wert haben. Beliebte Modelle haben oft einen höheren Wert.

Restaurierung

Die Qualität und der Umfang einer Restaurierung können den Wert erheblich steigern. Ein fachmännisch restauriertes Fahrzeug wird in der Regel höher bewertet.

Die Bedeutung von Gutachten und Expertise

Eine professionelle Bewertung durch sachkundige Gutachter oder Experten ist entscheidend, um den Wert eines historischen Fahrzeugs korrekt festzulegen. Dieses Gutachten dient nicht nur dazu, die Versicherungssumme festzulegen, sondern kann auch bei eventuellen Schadensfällen als Referenz dienen. Die Zusammenarbeit mit Experten und die Verwendung von hochwertigen Gutachten sind essenziell, um den angemessenen Versicherungsschutz sicherzustellen und den Wert des historischen Fahrzeugs zu bewahren.

Warum ist die Lagerung von historischen Fahrzeugen wichtig?

Die Lagerung von historischen Fahrzeugen ist aus mehreren Gründen von großer Bedeutung:

Werterhalt

Historische Fahrzeuge haben oft beträchtliche Werte, sei es in finanzieller Hinsicht oder als kulturelle Schätze. Eine ordnungsgemäße Lagerung hilft dabei, den Wert des Fahrzeugs zu erhalten und potenzielle Schäden zu verhindern.

Schutz vor Witterungseinflüssen

Historische Fahrzeuge sind oft anfälliger für Witterungseinflüsse wie Regen, Schnee, Sonne und Temperaturschwankungen. Unsachgemäße Lagerung kann zu Rostbildung, Lackbeschädigungen und anderen Schäden führen.

Erhaltung des Zustands

Der Zustand eines historischen Fahrzeugs ist oft entscheidend für seinen Wert. Eine geeignete Lagerung hilft dabei, den Originalzustand und die Qualität des Fahrzeugs zu bewahren.

Sicherheit vor Diebstahl und Vandalismus

Historische Fahrzeuge sind begehrte Sammlerstücke und können Ziel von Diebstählen oder Vandalismus sein. Eine sichere Lagerung minimiert dieses Risiko.

Die richtige Lagerungsumgebung

Die Wahl der richtigen Umgebung für die Lagerung ist von entscheidender Bedeutung. Hier sind einige wichtige Aspekte, die bei der Auswahl des Lagerortes berücksichtigt werden sollten:

Trockenheit

Die Lagerumgebung sollte trocken sein, um Rostbildung zu verhindern. Eine relative Luftfeuchtigkeit von etwa 50% ist ideal.

Temperaturkontrolle

Extreme Temperaturschwankungen sollten vermieden werden. Eine gleichmäßige Temperatur zwischen 10°C und 20°C ist empfehlenswert.

Schutz vor Sonneneinstrahlung

Historische Fahrzeuge sollten vor direkter Sonneneinstrahlung geschützt sein, um Lackschäden und Ausbleichen zu verhindern.

Luftzirkulation

Eine gute Luftzirkulation verhindert Feuchtigkeitsstau und hilft bei der Vermeidung von Schimmelbildung.

Die richtige Bodenoberfläche

Der Lagerplatz sollte eine feste und ebene Bodenoberfläche haben, um eine Beschädigung des Fahrzeugs und die Bildung von Feuchtigkeit durch aufsteigendes Wasser zu verhindern.

Die Bedeutung der Abdeckung und Isolierung

Die richtige Abdeckung und Isolierung des Fahrzeugs ist ebenfalls entscheidend:

Fahrzeugabdeckung

Eine atmungsaktive Fahrzeugabdeckung schützt das Fahrzeug vor Staub und Schmutz, während sie gleichzeitig Feuchtigkeit entweichen lässt.

Reifenschutz

Die Reifen sollten frei von direktem Bodenkontakt sein, um Flachstellen und Reifenalterung zu verhindern.

Isolierung

Die Verwendung von isolierenden Materialien wie Schaumstoff oder Dämmplatten an Wänden und Decken kann dazu beitragen, die Temperatur und Luftfeuchtigkeit stabil zu halten.

Aktive Pflege während der Lagerung

Während der Lagerung ist es wichtig, das historische Fahrzeug aktiv zu pflegen:

Regelmäßige Inspektionen

Führen Sie regelmäßige Inspektionen des Fahrzeugs durch, um Schäden oder Probleme frühzeitig zu erkennen.

Motorstart und Bewegung

Starten Sie den Motor gelegentlich und bewegen Sie das Fahrzeug ein Stück, um die Reifen zu entlasten und das Schmiersystem zu aktivieren.

Batterieerhaltung

Verwenden Sie ein Batterieerhaltungsgerät, um die Batterie aufgeladen und betriebsbereit zu halten.

Reinigung und Pflege

Halten Sie das Fahrzeug sauber und gepflegt, um Schäden durch Schmutz und Staub zu vermeiden.

Die Bedeutung der Versicherung

Trotz aller Vorkehrungen kann es zu unvorhergesehenen Ereignissen wie Naturkatastrophen oder Diebstahl kommen. Die richtige Versicherung ist ein wichtiger Schutz für Ihr historisches Fahrzeug. Spezielle Versicherungen für historische Fahrzeuge bieten in der Regel Schutz bei Schäden, Verlust und Diebstahl. Es ist ratsam, den Wert des Fahrzeugs regelmäßig überprüfen zu lassen, um sicherzustellen, dass es ausreichend versichert ist.

Kapitel 5: Fallstudien

Erfolgsgeschichten von Oldtimer-Investoren

Die Welt der Oldtimer-Investoren umfasst eine Vielzahl von Persönlichkeiten aus verschiedenen Bereichen, darunter Prominente, Unternehmer und Sammler. Hier sind einige bekannte Oldtimer-Investoren:

Jay Leno

Der ehemalige Talkshow-Moderator Jay Leno ist ein bekannter Sammler von klassischen Autos. Seine Sammlung umfasst eine beeindruckende Vielzahl von Fahrzeugen, von klassischen Oldtimern bis zu seltenen Supersportwagen.

Jay Leno's Sammlung von klassischen Autos und Motorrädern ist beeindruckend und umfangreich. Hier sind einige der bemerkenswerten Fahrzeuge, die sich in seiner Sammlung befinden:

- **1906 Stanley Steamer Vanderbilt Cup Racer**: Dieser Dampfwagen aus dem frühen 20. Jahrhundert war ein Rennwagen, der an der Vanderbilt Cup-Rennserie teilnahm.
- **1927 Duesenberg Model X Boat-tail Racer**: Duesenberg ist bekannt für seine Luxusautos, aber dieser Rennwagen war ein echtes Highlight der Sammlung.
- **1931 Duesenberg Model J Town Car**: Ein Beispiel für den Luxus und die Eleganz der Duesenberg-Fahrzeuge der 1930er Jahre.

- **1934 Rolls-Royce Phantom II**: Dieses Rolls-Royce-Modell repräsentiert den Gipfel des britischen Luxusautomobilbaus.
- **1934 Voisin C-15**: Ein seltener und eleganter französischer Luxuswagen.
- **1939 Lagonda V12**: Ein weiteres exklusives britisches Auto, das in Leno's Sammlung zu finden ist.
- **1955 Buick Roadmaster**: Ein amerikanischer Straßenkreuzer aus den 1950er Jahren, der für seinen Komfort und Stil bekannt ist.
- **1955 Mercedes-Benz 300SL Gullwing**: Dieser Mercedes-Benz ist ein ikonisches Modell, das für seine Flügeltüren und Rennstreckenleistung berühmt ist.
- **1963 Chrysler Turbine Car**: Ein seltener Prototyp, der von Chrysler entwickelt wurde und von einem Gasturbinenmotor angetrieben wurde.
- **1969 Lamborghini Miura P400S**: Dieser Supersportwagen gilt als eines der schönsten Autos, das je gebaut wurde.
- **1986 Lamborghini Countach**: Ein weiteres ikonisches Lamborghini-Modell, das in den 1980er Jahren sehr beliebt war.
- **1994 McLaren F1**: Dieser Supersportwagen war ein Meilenstein in der Automobilgeschichte und galt lange Zeit als das schnellste Straßenauto der Welt.
- **2006 EcoJet**: Ein von Jay Leno entwickeltes und gebautes Konzeptauto mit einem Biodieselmotor.
- **Blastolene Specials**: Jay Leno hat mehrere Fahrzeuge von Blastolene in seiner Sammlung, darunter den "Tank Car," ein einzigartiges, futuristisch aussehendes Fahrzeug.
- **1922 Stanley Steamer Model 740**: Ein weiterer Dampfwagen, der die faszinierende Geschichte der Automobilentwicklung repräsentiert.

Dies ist nur eine Auswahl der Fahrzeuge in Jay Leno's Sammlung. Seine Liebe zu klassischen Autos erstreckt sich über viele Jahrzehnte und reicht von Oldtimern bis zu einzigartigen Prototypen und Konzeptfahrzeugen. Seine Sammlung ist nicht nur beeindruckend, sondern spiegelt auch seine tiefe Leidenschaft für Automobile und seine Wertschätzung für die Vielfalt und Geschichte der Automobilwelt wider. Wie ist er zu seiner Sammlung gekommen?

Vielfalt der Fahrzeuge: Leno's Sammlung umfasst eine breite Palette von Fahrzeugen aus verschiedenen Epochen und Kategorien. Von klassischen Limousinen über Sportwagen bis hin zu seltenen Supersportwagen - seine Sammlung bietet eine große Vielfalt.

Seltenheit und Einzigartigkeit: In seiner Sammlung finden sich einige äußerst seltene und einzigartige Fahrzeuge, die schwer zu finden sind. Dazu gehören beispielsweise seltene Prototypen und Sonderanfertigungen.

Regelmäßige Nutzung: Anders als viele Oldtimer-Sammler nutzt Jay Leno seine Fahrzeuge regelmäßig. Er ist bekannt dafür, seine Autos zu fahren und zu warten. In seiner Online-Serie "Jay Leno's Garage" präsentiert er viele seiner Fahrzeuge und teilt sein Wissen über klassische Autos.

Leidenschaft für Technik: Jay Leno ist nicht nur an der äußeren Erscheinung seiner Fahrzeuge interessiert, sondern auch an der Technik. Er ist ein begabter Automechaniker und kümmert sich oft selbst um die Wartung und Restaurierung seiner Oldtimer.

Enge Beziehung zu Herstellern: Aufgrund seiner Bekanntheit und Leidenschaft für Autos hat Jay Leno enge Beziehungen zu verschiedenen Autoherstellern. Dies ermöglicht ihm den Zugang zu exklusiven und limitierten Modellen.

Historische Bedeutung: Viele der Fahrzeuge in Leno's Sammlung haben historische Bedeutung. Sie sind nicht nur beeindruckende Automobile, sondern auch Teil der Automobilgeschichte.

Gemeinnützige Aktivitäten: Jay Leno nutzt seine Oldtimersammlung nicht nur für seinen eigenen Genuss, sondern auch für gemeinnützige Zwecke. Er nimmt an Wohltätigkeitsveranstaltungen teil und unterstützt verschiedene soziale Projekte.

Ralph Lauren

Der Modedesigner Ralph Lauren ist nicht nur für seine Modebekleidung bekannt, sondern auch für seine Leidenschaft für Oldtimer. Seine Sammlung umfasst einige der seltensten und begehrtesten Autos der Welt.

Ralph Lauren, der renommierte Modedesigner, ist nicht nur für seine Modebekleidung bekannt, sondern auch für seine beeindruckende Sammlung von klassischen Autos. Seine Sammlung umfasst einige der seltensten und begehrtesten Fahrzeuge der Welt. Hier sind einige der bemerkenswerten Fahrzeuge in Ralph Laurens Sammlung:

- **1929 Bentley 4.5 Litre**: Dieser klassische Bentley ist ein Beispiel für britische Eleganz und Stil aus den 1920er Jahren.
- **1930 Mercedes-Benz SSK "Count Trossi"**: Dieser Mercedes-Benz SSK, auch bekannt als "Count Trossi," gilt als eines der wertvollsten und begehrtesten Mercedes-Modelle.
- **1938 Bugatti Type 57SC Atlantic**: Dieser seltene und ikonische Bugatti ist eines der Juwelen von Laurens Sammlung und gilt als eines der teuersten Autos der Welt.
- **1955 Jaguar XKD**: Dieser Jaguar war ein erfolgreicher Rennwagen und gewann die 24 Stunden von Le Mans.
- **1955 Mercedes-Benz 300SL Gullwing**: Ein weiteres Exemplar dieses ikonischen Mercedes-Modells, das für seine charakteristischen Flügeltüren bekannt ist.
- **1955 Porsche 550 Spyder**: Dieser Porsche war ein beliebter Rennwagen und wurde in den 1950er Jahren auf vielen Rennstrecken gefahren.
- **1958 Ferrari 250 Testa Rossa**: Dieser Ferrari ist ein legendärer Rennwagen, der zahlreiche Rennen gewonnen hat und zu den begehrtesten Ferraris gehört.
- **1996 McLaren F1**: Ähnlich wie in Jay Leno's Sammlung ist auch in Ralph Laurens Sammlung ein McLaren F1 zu finden,

ein Auto, das als eines der besten Supersportwagen aller Zeiten gilt.

- **2005 Bugatti Veyron**: Der Bugatti Veyron war eines der schnellsten Serienfahrzeuge der Welt und ein Meilenstein in der Automobiltechnik.
- **2011 McLaren F1 LM**: Dieser McLaren F1 LM ist eine noch seltener Version des bereits seltenen McLaren F1 und wurde in limitierter Stückzahl hergestellt.

Ralph Laurens Sammlung zeichnet sich durch die Anwesenheit einiger der wertvollsten und seltensten Fahrzeuge der Welt aus. Diese Autos repräsentieren nicht nur automobilen Luxus und Stil, sondern auch die Begeisterung und das Engagement von Ralph Lauren für die Welt der klassischen Autos.

Jerry Seinfeld

Der berühmte Comedian Jerry Seinfeld ist ein begeisterter Sammler von Porsches. Seine Porsche-Sammlung gilt als eine der umfangreichsten und besten der Welt.
Jerry Seinfeld, der berühmte Comedian und Schauspieler, ist bekannt für seine Leidenschaft für Porsches. Seine Sammlung von Porsche-Fahrzeugen ist beeindruckend und umfasst einige der begehrtesten Modelle dieser Marke. Hier sind einige der bemerkenswerten Fahrzeuge in Jerry Seinfelds Sammlung:

- **1949 Porsche 356/2**: Dieser Porsche 356/2 war eines der ersten Modelle, die von Porsche in Serie produziert wurden, und gilt als einer der Vorläufer aller Porsche-Sportwagen.
- **1952 Porsche 356/1500**: Ein weiteres frühes Porsche-Modell, das die Entwicklung der Marke repräsentiert.
- **1955 Porsche 550 Spyder**: Dieses Modell wurde durch den tragischen Unfall von James Dean bekannt, der damit fuhr. Es ist ein ikonischer Rennwagen.

- **1957 Porsche 356A Speedster**: Der Speedster ist ein beliebtes und charakteristisches Modell von Porsche und ein Klassiker der 1950er Jahre.
- **1964 Porsche 911**: Dieser Porsche 911 aus der ersten Generation war wegweisend für die Marke und wurde zum Inbegriff des Sportwagens.
- **1973 Porsche 911 Carrera RS**: Ein Hochleistungsmodell des Porsche 911, das für seine Rennsportqualitäten bekannt ist.
- **1990 Porsche 962C**: Dieses Modell wurde in den 1980er Jahren bei Sportwagenrennen eingesetzt und zählt zu den erfolgreichsten Rennwagen von Porsche.
- **1994 Porsche 964 Speedster**: Der Speedster ist eine seltene und begehrte Version des Porsche 911, die in limitierter Stückzahl hergestellt wurde.
- **1998 Porsche 993 3.8 Cup RSR**: Dieser Porsche 911 wurde für den Rennsport entwickelt und ist auf den Strecken äußerst wettbewerbsfähig.
- **2011 Porsche 997 Speedster**: Dieses Modell ist eine moderne Interpretation des klassischen Speedster und wurde ebenfalls in begrenzter Stückzahl produziert.

Jerry Seinfelds Sammlung ist ein Paradebeispiel für seine Leidenschaft für Porsches und seine Wertschätzung für die Marke. Die Vielfalt der Modelle in seiner Sammlung spiegelt die Entwicklung und den Erfolg von Porsche über die Jahrzehnte hinweg wider. Seinfelds Begeisterung für diese Fahrzeuge ist in seiner beliebten Webserie "Comedians in Cars Getting Coffee" deutlich zu erkennen, in der er oft seine Porsche-Fahrzeuge nutzt.

Weitere bekannte Investoren und Sammler:

Nick Mason - Der Schlagzeuger der Band Pink Floyd, Nick Mason, ist nicht nur ein Musiker, sondern auch ein leidenschaftlicher Sammler von klassischen Rennwagen. Seine Sammlung umfasst viele historische und wertvolle Fahrzeuge.

Magnus Walker - Magnus Walker, auch bekannt als "Urban Outlaw", ist ein Sammler und Restaurator von klassischen Porsche-Fahrzeugen. Er hat sich einen Namen in der Oldtimerszene gemacht, indem er Porsches aus den 1960er und 1970er Jahren wiederbelebt.

Amir Ali Javid - Der in Dubai ansässige Unternehmer Amir Ali Javid hat sich einen Namen als Sammler und Restaurator von klassischen Mercedes-Benz-Fahrzeugen gemacht. Seine Sammlung ist für ihre Qualität und Vielfalt bekannt.

Jay Kay - Der Frontmann der Band Jamiroquai, Jay Kay, ist ein leidenschaftlicher Sammler von Supersportwagen und historischen Rennfahrzeugen. Seine Sammlung umfasst einige der begehrtesten Fahrzeuge der Welt.

Bruce Meyer - Bruce Meyer ist ein angesehener Oldtimer-Investor und Sammler von klassischen Rennwagen. Er ist bekannt für sein Engagement in der Oldtimerszene und seine Teilnahme an historischen Rennen.

Chris Evans - Der britische Radiomoderator und Fernsehmoderator Chris Evans ist ein begeisterter Sammler von klassischen Fahrzeugen, darunter seltene und historische Modelle.

Patrick Long - Patrick Long ist ein erfahrener Rennfahrer und Porsche-Experte, der auch als Oldtimer-Investor tätig ist. Er besitzt und restauriert klassische Porsche-Fahrzeuge.

Diese Oldtimer-Investoren haben nicht nur eine Leidenschaft für historische Fahrzeuge, sondern haben auch in der Regel ein tiefes Verständnis für den Oldtimermarkt und die Fähigkeit, wertvolle Sammlungen aufzubauen. Ihre Investitionen in klassische Autos spiegeln nicht nur ihre Liebe zur Automobilgeschichte, sondern auch ihr Interesse an langfristigen Wertsteigerungen und kultureller Erhaltung wider.

Misserfolge und Lehren

Oldtimer-Investitionen haben in den letzten Jahren Aufmerksamkeit erregt, da sie die Möglichkeit bieten, historische Fahrzeuge zu besitzen und gleichzeitig auf Wertsteigerung zu hoffen. Während einige Oldtimer-Investoren beachtliche Gewinne erzielt haben, sind Misserfolge in diesem Bereich ebenfalls nicht selten. Hier werfen wir einen Blick auf einige der häufigsten Oldtimer-Investment-Misserfolge und die Lektionen, die aus ihnen gezogen werden können.

Fehlende Marktrecherche

Ein häufiger Fehler von Oldtimer-Investoren ist die mangelnde Recherche und das Unwissen über den Oldtimermarkt. Investoren, die blind in den Markt eintreten, laufen Gefahr, zu viel für ein Fahrzeug zu zahlen oder in Modelle zu investieren, die keinen Wertzuwachs verzeichnen.

Lektion: Bevor Sie in Oldtimer investieren, sollten Sie den Markt gründlich erforschen. Verstehen Sie, welche Modelle gefragt sind und welche Trends den Markt beeinflussen.

Vernachlässigte Wartung und Pflege

Die Vernachlässigung der Wartung und Pflege von Oldtimern kann zu erheblichen Wertverlusten führen. Rost, Motorenprobleme und Verschleiß beeinträchtigen den Wert eines Fahrzeugs erheblich.

Lektion: Die ordnungsgemäße Wartung und Pflege Ihrer Oldtimer ist von entscheidender Bedeutung. Regelmäßige Inspektionen, Lagerung unter geeigneten Bedingungen und fachmännische Reparaturen sind unerlässlich.

Überbewertung von Restaurierungen

Ein häufiger Fehler besteht darin, zu viel für die Restaurierung eines Oldtimers auszugeben und dann festzustellen, dass der Marktwert des Fahrzeugs den Investitionen nicht gerecht wird.

Lektion: Bevor Sie in die Restaurierung eines Oldtimers investieren, sollten Sie den voraussichtlichen Marktwert des fertigen Fahrzeugs sorgfältig prüfen und sicherstellen, dass die Kosten im Verhältnis dazu stehen.

Mangelnde Diversifikation

Die Konzentration auf eine einzige Oldtimer-Investition kann zu hohen Risiken führen, insbesondere wenn der Markt für dieses Modell stagniert oder fällt.

Lektion: Diversifizieren Sie Ihr Oldtimer-Portfolio. Investieren Sie in verschiedene Modelle, Epochen und Wertklassen, um das Risiko zu minimieren.

Unprofessionelle Lagerung

Die unsachgemäße Lagerung von Oldtimern kann zu erheblichen Schäden führen. Fahrzeuge, die der Witterung ausgesetzt sind oder in ungeeigneten Umgebungen aufbewahrt werden, können an Wert verlieren.

Lektion: Stellen Sie sicher, dass Ihre Oldtimer ordnungsgemäß gelagert werden. Eine klimatisierte Garage oder professionelle Lagerungseinrichtungen sind oft die beste Wahl.

Spekulation über Trends

Das Investieren in Oldtimer aufgrund von Trends oder Moden kann riskant sein. Was heute gefragt ist, kann in einigen Jahren an Wert verlieren.

Lektion: Investieren Sie nicht ausschließlich aufgrund von Trends. Suchen Sie nach zeitlosen Klassikern mit nachgewiesener Wertbeständigkeit.

Oldtimer-Investitionen können lohnend sein, aber sie bergen auch Risiken. Die Analyse von Misserfolgen in diesem Bereich kann wertvolle Lektionen bieten. Eine sorgfältige Recherche, ordnungsgemäße Pflege, Diversifikation und eine langfristige Perspektive sind entscheidend, um Oldtimer-Investitionen erfolgreich zu gestalten. Bei der Investition in historische Fahrzeuge sind das richtige Wissen und die richtige Planung der Schlüssel zum Erfolg.

Beispiele von Oldtimern

Das Thema der Wertsteigerung von Oldtimern ist faszinierend, da es eine Vielzahl von Fahrzeugen gibt, die im Laufe der Zeit beträchtlich an Wert gewonnen haben. Von klassischen amerikanischen Muscle-Cars bis hin zu europäischen Luxusautos gibt es eine breite Palette von Oldtimern, die bei Sammlern und Enthusiasten äußerst begehrt sind. In diesem Text werde ich einige Beispiele von Oldtimern mit der besten Wertsteigerung näher beleuchten. Hier sind einige Beispiele mit ihren ungefähren aktuellen Preisen (Stand bis 2022), die jedoch je nach Zustand und anderen Faktoren variieren können:

Ferrari 250 GTO (1962-1964):
Dieser legendäre Ferrari ist einer der begehrtesten und teuersten Oldtimer. Die Preise für den 250 GTO liegen oft bei über 50 Millionen US-Dollar, manchmal sogar deutlich höher, je nachdem, wie viele Exemplare gerade auf dem Markt verfügbar sind.
Mercedes-Benz 300SL "Flügeltürer" (1954-1957):
Gut erhaltene 300SL-Modelle können Preise von mehreren Millionen Dollar erreichen. Die Preise variieren stark je nach Zustand und Produktionsjahr, aber sie liegen oft zwischen 1 und 2 Millionen Dollar.

Porsche 911 Carrera RS 2.7 (1973):
Dieser Porsche ist aufgrund seiner begrenzten Stückzahl und seines Rennerfolgs ein gesuchtes Modell. Der Preis für gut erhaltene Carrera RS 2.7 liegt typischerweise zwischen 1 und 1,5 Millionen Dollar.

Volkswagen Käfer "Ovali" (1953-1957):
Frühe Käfermodelle, insbesondere die sogenannten "Ovali" aufgrund ihrer ovalen Heckscheibe, sind bei Sammlern beliebt. Gut erhaltene Exemplare können Preise von über 50.000 bis hin zu 100.000 Dollar erreichen, je nach Seltenheit und Zustand.

BMW M1 (1978-1981):
Der BMW M1, ein Sportwagen mit Mittelmotor, hat in den letzten Jahren an Beliebtheit zugenommen. Gut erhaltene Modelle können Preise von über 500.000 Dollar erreichen, insbesondere wenn sie unverändert und in gutem Zustand sind.

Jaguar E-Type Series 1 (1961-1968):
Ein Symbol für britische Sportwagen, der E-Type hat sich als äußerst wertstabil erwiesen. Gut erhaltene Modelle können Preise von über 200.000 bis hin zu 500.000 Dollar erreichen, abhängig von der Ausstattung und dem Zustand.

Alfa Romeo Tipo 33 Stradale (1967-1969):
Dieser seltene italienische Supersportwagen ist äußerst selten und begehrt. Die Preise können leicht 10 Millionen Dollar oder mehr erreichen, wenn ein guter Zustand und eine nachweisbare Geschichte vorliegen.

BMW 507 (1956-1959):
Der 507 ist ein seltener Roadster von BMW. Gut erhaltene Modelle können Preise von über 2 Millionen Dollar erreichen, wobei einige besonders gut restaurierte Exemplare sogar noch teurer sein können.

Shelby Cobra 427 (1965-1967):
Diese legendäre Kombination aus amerikanischer Muskelkraft und britischer Chassis-Expertise erzielt oft Preise von über 1 Million Dollar, manchmal sogar deutlich mehr, je nach Historie und Zustand des Fahrzeugs.

Diese Preise sind ungefähre Angaben basierend auf Daten bis 2022. Es ist wichtig anzumerken, dass Oldtimerpreise auf Auktionen oder auf dem privaten Markt stark variieren können und von verschiedenen Faktoren wie Zustand, Originalität, Seltenheit und der Geschichte des jeweiligen Fahrzeugs abhängen.

Es gibt auch einige deutsche Oldtimer, die vergleichsweise erschwinglich sind, vor allem im Vergleich zu den hochpreisigen Ikonen. Hier sind einige Beispiele mit ungefähren Preisen (Stand bis 2022), die je nach Zustand und anderen Faktoren variieren können:

Volkswagen Käfer (ab den späten 60er Jahren):
Standard-Volkswagen Käfer aus den späten 60er oder frühen 70er Jahren können oft zwischen 5.000 und 15.000 Euro kosten, abhängig vom Zustand, der Historie und eventuellen Restaurierungen.

Mercedes-Benz W123 (1976-1986):
Die Limousinen und Coupés der W123-Reihe von Mercedes sind zuverlässige und robuste Fahrzeuge. Ein gut erhaltener W123 kann zwischen 5.000 und 20.000 Euro kosten, je nach Ausstattung und Zustand.

BMW E30 (1982-1994):
Der BMW E30 ist ein beliebter Oldtimer, besonders als 3er-Reihe. Gut erhaltene Modelle beginnen oft bei etwa 8.000 Euro und können bis zu 20.000 Euro oder mehr kosten, insbesondere für die sportlicheren Varianten wie den M3.

Opel Kadett C (1973-1979):
Der Opel Kadett C ist ein solides Fahrzeug und in der Oldtimerszene relativ erschwinglich. Gut erhaltene Modelle beginnen oft bei ungefähr 5.000 Euro und können bis zu 15.000 Euro kosten.

Porsche 924 (1976-1988):
Der Porsche 924 ist einer der erschwinglicheren Porsche-Oldtimer. Ein gut erhaltener 924 kann zwischen 10.000 und 20.000 Euro kosten, abhängig von der Ausstattung und dem Zustand.

Audi 80 B1 (1972-1978):
Der Audi 80 B1 war ein beliebtes Modell seiner Zeit und wird als Oldtimer oft zu relativ günstigen Preisen angeboten. Gut erhaltene Exemplare können zwischen 5.000 und 15.000 Euro kosten.

Diese Preise dienen als grobe Orientierung und basieren auf Daten bis 2022. Die tatsächlichen Preise können stark variieren und hängen von Faktoren wie Zustand, Wartungshistorie, Originalität und geografischer Lage ab. Es ist immer ratsam, eine gründliche Inspektion und eine Überprüfung der Fahrzeughistorie durchzuführen, bevor man sich für den Kauf eines Oldtimers entscheidet.

Kapitel 6: Der Oldtimer-Markt heute

Trends und Entwicklungen

Der Oldtimermarkt ist ein faszinierendes und sich ständig wandelndes Universum, das nicht nur von Sammlern und Enthusiasten geprägt ist, sondern auch von wirtschaftlichen, technologischen und sozialen Entwicklungen beeinflusst wird. In den letzten Jahren haben sich einige bemerkenswerte Trends und Entwicklungen abgezeichnet, die die Art und Weise, wie Oldtimer wahrgenommen, gehandelt und bewertet werden, erheblich verändert haben. Dieser Artikel wird einige dieser Trends und Entwicklungen beleuchten und aufzeigen, wie sie den Oldtimermarkt geprägt haben.

Elektrifizierung und Nachhaltigkeit

Die fortschreitende Elektrifizierung in der Automobilbranche ist längst nicht mehr auf Neuwagen beschränkt. Sie hat auch den Oldtimermarkt erreicht und bietet Möglichkeiten zur Modernisierung historischer Fahrzeuge. Ein wachsendes Interesse an elektrifizierten Oldtimern zeigt sich in verschiedenen Projekten und Konversionen. Dieser Trend ist auf mehrere Faktoren zurückzuführen:

Umweltfreundlichkeit

Die steigende Sensibilisierung für Umweltfragen hat dazu geführt, dass viele Besitzer von Oldtimern nach Möglichkeiten suchen, ihre Fahrzeuge nachhaltiger zu gestalten. Elektrifizierte Antriebe ermöglichen emissionsfreies Fahren und reduzieren den ökologischen Fußabdruck von Oldtimern.

Zukunftssicherheit

Oldtimer mit Verbrennungsmotoren könnten in einigen Regionen von immer strengeren Umweltauflagen betroffen sein. Die Umstellung auf elektrische Antriebe könnte diese Einschränkungen umgehen.

Leistung und Fahrverhalten

Elektrifizierte Oldtimer können oft von modernen Technologien und Leistungssteigerungen profitieren. Ein elektrischer Antriebsstrang kann das Fahrverhalten und die Beschleunigung eines Oldtimers verbessern.

Es gibt verschiedene Unternehmen, die sich auf die Elektrifizierung von Oldtimern spezialisiert haben. Sie bieten Lösungen, um klassische Fahrzeuge mit modernen Elektromotoren auszurüsten, die eine erstaunliche Leistungsfähigkeit und Reichweite bieten können. Dadurch erhalten Sammler die Möglichkeit, historische Fahrzeuge zu fahren, ohne auf zeitgemäße Technologie und Nachhaltigkeit verzichten zu müssen.

Online-Marktplätze und Auktionen

Die Digitalisierung hat den Handel mit Oldtimern grundlegend verändert. Der traditionelle Weg, Oldtimer auf Messen und in spezialisierten Autohäusern zu kaufen, wurde durch den Aufstieg von Online-Marktplätzen und Auktionen revolutioniert. Dies hat eine breitere und globalere Käuferschaft ermöglicht und den Zugang zu historischen Fahrzeugen vereinfacht.

Breite Auswahl

Online-Plattformen wie "Bring a Trailer," "Hemmings," "Classic Driver" und "eBay Motors" bieten eine enorme Auswahl an Oldtimern, darunter seltene Modelle, Exoten und Alltagsklassiker. Interessenten können bequem von zu Hause aus stöbern und vergleichen.

Transparenz und Information

Diese Plattformen bieten umfassende Informationen über die zum Verkauf stehenden Fahrzeuge, darunter Beschreibungen, Fotos und oft auch Gutachten. Dadurch können Käufer gut informierte Entscheidungen treffen.

Globale Reichweite

Online-Plattformen haben den Oldtimermarkt globalisiert. Sammler und Käufer aus der ganzen Welt können an Auktionen teilnehmen und Fahrzeuge erwerben, was zu einer verstärkten Internationalisierung des Marktes geführt hat.

Preistransparenz

Online-Marktplätze und Auktionen bieten eine breite Datenbasis, auf der Käufer und Verkäufer Preisentwicklungen verfolgen können. Dies fördert die Transparenz und gibt Anhaltspunkte für die Bewertung von Oldtimern.

Dieser Trend hat auch dazu beigetragen, den Oldtimermarkt für eine jüngere und technikaffinere Generation von Sammlern und Investoren attraktiver zu gestalten, die sich vermehrt online engagiert.

Klassische Motorräder im Aufwind

Während Autos traditionell den Oldtimermarkt dominiert haben, erleben klassische Motorräder derzeit eine Renaissance. Das wachsende Interesse an historischen Motorrädern hat zu steigenden Preisen und einer verstärkten Nachfrage geführt. Die Gründe für diese Entwicklung sind vielfältig:

Emotionale Bindung

Motorräder wecken oft starke emotionale Bindungen. Viele Menschen haben nostalgische Erinnerungen an ihre ersten Motorräder und möchten diese Erlebnisse wiederbeleben.

Zugänglichkeit

Klassische Motorräder sind oft erschwinglicher als Oldtimer-Autos. Dies macht sie für eine breitere Käuferschaft zugänglich.

Sammelbarkeit

Bestimmte Motorradmodelle, insbesondere solche von legendären Marken wie Harley-Davidson, Triumph und BMW, sind äußerst sammelbar und haben einen hohen Sammlerwert.

Einfache Lagerung

Motorräder benötigen weniger Stellfläche als Autos, was die Lagerung erleichtert und weniger kostspielig macht.

Der Markt für klassische Motorräder ist jedoch auch von der gleichen Sorgfalt und Aufmerksamkeit geprägt wie der Markt für Oldtimer-Autos. Potenzielle Käufer sollten darauf achten, dass die Motorräder in einem guten Zustand sind und die nötige Wartung und Pflege erhalten haben.

Spezialisierte Restaurierungsdienstleistungen

Die Nachfrage nach professionellen Restaurierungsdienstleistungen für Oldtimer hat in den letzten Jahren erheblich zugenommen. Spezialisierte Werkstätten und Restauratoren bieten hochwertige Restaurierungen und Erhaltungsarbeiten, um den Wert und die Originalität der Fahrzeuge zu bewahren.

Internationale Perspektiven

Oldtimer-Investitionen sind längst nicht mehr auf nationale Grenzen beschränkt. Sammler und Investoren suchen in der ganzen Welt nach historischen Fahrzeugen, um in diesen faszinierenden Markt zu investieren. Internationale Perspektiven eröffnen eine Vielzahl von Chancen und Herausforderungen, die es zu berücksichtigen gilt. In diesem Artikel werden wir einen Blick auf die Bedeutung internationaler Perspektiven bei Oldtimer-Investitionen werfen und die Aspekte beleuchten, die bei globalen Transaktionen und Sammlungen zu berücksichtigen sind.

Warum internationale Perspektiven?

Der Oldtimermarkt ist geprägt von einer breiten Vielfalt an Fahrzeugen, darunter klassische Autos, Motorräder, Lastwagen und mehr. Historische Fahrzeuge haben in vielen Ländern und Kulturen einen hohen Sammler- und Kulturwert. Dieser universelle Reiz hat dazu geführt, dass Sammler und Investoren weltweit nach Oldtimern suchen und diese erwerben. Hier sind einige Gründe, warum internationale Perspektiven bei Oldtimer-Investitionen an Bedeutung gewinnen:

- Rarität und Seltenheit: Einige historische Fahrzeuge sind äußerst selten und kommen nur in begrenzter Stückzahl vor. Sammler sind daher bereit, über nationale Grenzen hinweg zu suchen, um seltene Modelle zu finden.
- Diversifikation: Internationale Investitionen bieten die Möglichkeit, das Oldtimer-Portfolio zu diversifizieren. Dies kann das Risiko streuen und den Zugang zu verschiedenen Märkten und Trends ermöglichen.
- Zugang zu Nischenmärkten: Bestimmte Märkte, wie beispielsweise klassische japanische Autos oder europäische Rennwagen, sind in ihrem Ursprungsland besonders gefragt.

Internationale Investoren können von diesen Nischenmärkten profitieren.

- Preisunterschiede: Oldtimer-Preise variieren je nach Region. Ein Fahrzeug kann in einem Land teurer sein als in einem anderen. Dies eröffnet Möglichkeiten für den internationalen Handel.

Herausforderungen und Überlegungen

Internationale Oldtimer-Investitionen sind nicht ohne Herausforderungen. Hier sind einige wichtige Überlegungen, die es zu beachten gilt:

- Import- und Exportregelungen: Der grenzüberschreitende Handel mit historischen Fahrzeugen kann komplex sein, da jedes Land seine eigenen Import- und Exportregelungen hat. Sammler sollten sich über die notwendigen Papiere, Zölle und Vorschriften informieren.
- Währungsschwankungen: Wechselkursschwankungen können Auswirkungen auf den Wert von Oldtimern haben. Sammler sollten sich bewusst sein, wie Währungsschwankungen ihre Investitionen beeinflussen können.
- Zustand und Authentizität: Internationale Käufe erfordern eine gründliche Prüfung des Zustands und der Authentizität des Fahrzeugs, da die Inspektion vor Ort möglicherweise nicht immer möglich ist.
- Logistik: Die Logistik des Transports und der Lagerung von Oldtimern über weite Strecken erfordert besondere Aufmerksamkeit. Sichere Verpackung und zuverlässige Spediteure sind unerlässlich.
- Marktverständnis: Der Oldtimermarkt kann je nach Region und Land unterschiedlich sein. Investoren sollten sich mit den Besonderheiten des jeweiligen Marktes vertraut machen.

Beispiele für internationale Perspektiven bei Oldtimer-Investitionen

Um die Bedeutung internationaler Perspektiven bei Oldtimer-Investitionen zu verdeutlichen, werfen wir einen Blick auf einige Beispiele:

- Klassische amerikanische Autos in Europa: Viele europäische Sammler haben ein Faible für klassische amerikanische Autos der 1950er und 1960er Jahre. Diese Modelle sind in Europa relativ selten und haben einen hohen Sammlerwert.

- Japanische Youngtimer in den USA: In den USA haben einige Liebhaber begonnen, klassische japanische Modelle wie den Datsun 240Z oder den Toyota 2000GT zu sammeln. Diese Fahrzeuge sind in Japan nach wie vor sehr gefragt, aber sie werden auch in den USA immer beliebter.

- Europäische Rennwagen in Großbritannien: Großbritannien hat eine lange Motorsporttradition und ist ein wichtiger Markt für europäische Rennwagen wie Ferrari, Porsche und Lotus. Britische Sammler schätzen diese Modelle und sind bereit, hohe Preise zu zahlen.

- Exoten in den Vereinigten Arabischen Emiraten: Die Vereinigten Arabischen Emirate sind ein wachsender Markt für exotische und luxuriöse Oldtimer. Sammler in dieser Region sind bereit, für seltene Modelle und Supersportwagen hohe Summen zu zahlen.

Internationale Perspektiven bei Oldtimer-Investitionen bieten eine Vielzahl von Chancen, um seltene Modelle zu entdecken und das Oldtimer-Portfolio zu diversifizieren. Doch sie bringen auch Herausforderungen mit sich, die es zu bewältigen gilt. Investoren sollten sich über die Besonderheiten des internationalen Oldtimermarktes informieren und sicherstellen, dass sie die notwendigen Schritte unternehmen, um ihre Investitionen zu schützen. Wenn dies sorgfältig durchdacht wird, können internationale Oldtimer-Investitionen zu einer lohnenden und spannenden Erfahrung führen.

Prognosen für die Zukunft

Das Investment in Oldtimer hat in den letzten Jahren erheblich an Popularität gewonnen und bleibt auch in Zukunft eine attraktive Option für Sammler und Investoren. Historische Fahrzeuge bieten nicht nur die Möglichkeit, ein Stück Automobilgeschichte zu besitzen, sondern sie können auch eine wertstabile Investition sein. In diesem Artikel werfen wir einen Blick auf das Oldtimerinvestment in den nächsten Jahren, die Chancen, Herausforderungen und Trends, die den Markt prägen werden.

Chancen im Oldtimerinvestment

Oldtimerinvestitionen bieten eine Reihe von Chancen, die in den nächsten Jahren relevant bleiben werden:

- Wertsteigerungspotenzial: Historische Fahrzeuge haben sich in der Vergangenheit oft als wertstabile oder sogar wertsteigernde Investitionen erwiesen. Einige Modelle haben in den letzten Jahrzehnten erheblich an Wert gewonnen, und dieser Trend könnte sich fortsetzen.
- Diversifikation im Portfolio: Oldtimerinvestitionen bieten eine Möglichkeit zur Diversifikation eines Anlageportfolios. Sie sind ein physischer Vermögenswert, der unabhängig von den Entwicklungen an den Finanzmärkten ist.
- Emotionale Bindung: Sammler haben oft eine starke emotionale Bindung zu ihren Oldtimern. Dies kann dazu führen, dass sie sich langfristig für die Fahrzeuge engagieren und für ihre Pflege und Erhaltung sorgen.
- Genuss und Prestige: Das Fahren und Besitzen von historischen Fahrzeugen ist für viele Sammler ein Genuss und eine Quelle von Prestige. Oldtimer sind oft ein Ausdruck von Stil und Eleganz.

Herausforderungen im Oldtimerinvestment

Trotz der Chancen gibt es auch Herausforderungen und Risiken im Oldtimerinvestment:

- Marktvolatilität: Der Oldtimermarkt kann volatil sein, und Preise können schwanken. Es gibt keine Garantie, dass ein Oldtimer an Wert gewinnen wird.
- Wartung und Pflege: Oldtimer erfordern regelmäßige Wartung und Pflege, um ihren Wert zu erhalten. Dies kann kosten- und zeitintensiv sein.
- Authentizität und Zustand: Der Zustand und die Authentizität eines Oldtimers sind entscheidend für seinen Wert. Fälschungen oder unsachgemäße Restaurierungen können den Wert erheblich mindern.
- Regulatorische Herausforderungen: In einigen Ländern und Regionen können historische Fahrzeuge speziellen Vorschriften und Regulierungen unterliegen. Dies kann den Gebrauch und die Lagerung von Oldtimern einschränken.

Trends im Oldtimerinvestment

Die Entwicklung des Oldtimermarktes wird von verschiedenen Trends geprägt, die in den nächsten Jahren an Bedeutung gewinnen könnten:

- Elektrifizierung von Oldtimern: Die Elektrifizierung historischer Fahrzeuge gewinnt an Popularität, da sie eine Möglichkeit zur Modernisierung und Umweltfreundlichkeit bietet. Elektrifizierte Oldtimer könnten an Attraktivität gewinnen.
- Youngtimer: Fahrzeuge aus den 1980er und 1990er Jahren, auch bekannt als Youngtimer, erfreuen sich wachsender Beliebtheit. Sie sind oft erschwinglicher und bieten eine Vorschau auf die Klassiker der Zukunft.

- Nischenmärkte: Spezielle Nischenmärkte, wie beispielsweise klassische japanische Autos oder europäische Rennwagen, können an Bedeutung gewinnen. Sammler suchen nach einzigartigen Modellen.
- Online-Marktplätze: Der Handel mit Oldtimern hat sich in den letzten Jahren verstärkt online verlagert. Online-Marktplätze und Auktionen bieten eine breite Auswahl und erleichtern den internationalen Handel.

Prognosen für das Oldtimerinvestment in der Zukunft

Die Zukunft des Oldtimerinvestments bleibt vielversprechend, aber es ist wichtig, realistische Erwartungen zu haben. Hier sind einige Prognosen für den Oldtimermarkt in den nächsten Jahren:

- Steigendes Interesse von Investoren: Das Interesse von Investoren an Oldtimern könnte weiter zunehmen, da historische Fahrzeuge als alternative Anlageklasse attraktiv bleiben.

- Diversifikation des Marktes: Es wird erwartet, dass der Oldtimermarkt weiter diversifiziert wird, da immer mehr Modelle und Hersteller in den Fokus geraten.

- Wachsende Bedeutung der Elektrifizierung: Die Elektrifizierung historischer Fahrzeuge könnte an Bedeutung gewinnen, da die Umweltfreundlichkeit und Nachhaltigkeit an Relevanz gewinnen.

- Online-Präsenz: Der Online-Handel wird weiterhin eine wichtige Rolle spielen, da er den Zugang zu historischen Fahrzeugen erleichtert und den internationalen Handel fördert.

- Bildung und Gemeinschaft: Die Bildung junger Generationen über historische Fahrzeuge und die Schaffung von Gemeinschaften werden entscheidend sein, um das Oldtimerinvestment nachhaltig zu gestalten.

Das Oldtimerinvestment bleibt eine faszinierende und vielversprechende Option für Sammler und Investoren. Historische Fahrzeuge bieten nicht nur die Möglichkeit, die Automobilgeschichte zu erleben, sondern können auch eine wertstabile Investition darstellen. Es ist jedoch wichtig, die Herausforderungen und Risiken zu berücksichtigen, die mit diesem Markt verbunden sind, und realistische Erwartungen zu haben. Die Zukunft des Oldtimerinvestments wird von verschiedenen Trends geprägt sein, darunter die Elektrifizierung von Oldtimern, die Bedeutung von Youngtimern und die wachsende Rolle des Online-Handels. Investoren sollten sich über diese Entwicklungen im Klaren sein und fundierte Entscheidungen treffen, um langfristig von ihren Oldtimerinvestitionen zu profitieren.

Klassische Autos und junge Generationen

Die Zukunft des Oldtimermarktes hängt auch von der Akzeptanz durch jüngere Generationen ab. Historische Fahrzeuge sind oft von Nostalgie und Tradition geprägt, und es ist wichtig, diese Leidenschaft an die nächste Generation weiterzugeben.
Einige Trends deuten darauf hin, dass jüngere Menschen weiterhin Interesse an Oldtimern zeigen:

Youngtimer

Fahrzeuge, die in den 1980er und 1990er Jahren hergestellt wurden, werden als Youngtimer bezeichnet und erfreuen sich wachsender Beliebtheit. Sie sind oft erschwinglicher als klassische Oldtimer und bieten jüngeren Sammlern die Möglichkeit, in den Markt einzusteigen.

Veranstaltungen und Treffen

Oldtimer-Veranstaltungen, Messen und Treffen ziehen eine breite Palette von Teilnehmern an, einschließlich junger Enthusiasten. Diese Veranstaltungen bieten die Möglichkeit, die Faszination für historische Fahrzeuge zu teilen und zu fördern.

Digitale Vernetzung

Soziale Medien und Online-Plattformen ermöglichen es jungen Sammlern, sich zu vernetzen und Informationen auszutauschen. Dies fördert die Gemeinschaft und das Interesse am Oldtimerhobby.
Die Einbindung junger Generationen ist entscheidend für die langfristige Werthaltigkeit des Oldtimermarktes. Dies erfordert Bildung, Zugänglichkeit und die Schaffung von Gemeinschaften, in denen das Erbe historischer Fahrzeuge geschätzt wird.

Kapitel 7: Rechtliche und steuerliche Aspekte

Besteuerung von Oldtimern

Die Besteuerung von Oldtimern ist ein komplexes Thema, das von Land zu Land unterschiedlich geregelt ist. Oldtimer gelten oft als besondere Fahrzeuge, die aus historischen, kulturellen oder nostalgischen Gründen geschützt und gefördert werden. Dies spiegelt sich in den Steuervorschriften wider. In diesem Artikel geben wir einen umfassenden Überblick über die Besteuerung von Oldtimern, einschließlich der verschiedenen Steuern und Gebühren, die auf historische Fahrzeuge erhoben werden können.

Einführung in die Besteuerung von Oldtimern

Die Besteuerung von Oldtimern kann aus verschiedenen Gründen erfolgen, darunter die Erhebung von Einfuhrzöllen, Mehrwertsteuern, jährlichen Steuern oder Versicherungsprämien. In einigen Ländern gibt es spezielle Steuervergünstigungen und -befreiungen für Oldtimer, um deren Erhalt und Nutzung zu fördern. Es ist wichtig zu beachten, dass die Besteuerung von Oldtimern stark von den nationalen Gesetzen und Vorschriften abhängt. Hier sind einige der Hauptaspekte der Besteuerung von Oldtimern:

Einfuhrzölle und -steuern

Beim Import eines Oldtimers in ein Land können Einfuhrzölle und -steuern anfallen. Diese Gebühren variieren von Land zu Land und hängen von verschiedenen Faktoren ab, wie dem Alter des Fahrzeugs, seinem Wert und seiner Herkunft. Einige Länder gewähren Einfuhrzollbefreiungen oder reduzierte Sätze für Oldtimer, um den Import historischer Fahrzeuge zu erleichtern. Es ist ratsam, sich vor dem Import über die geltenden Zollvorschriften zu informieren.

Mehrwertsteuer (Umsatzsteuer)

Die Mehrwertsteuer oder Umsatzsteuer ist eine indirekte Steuer, die auf den Verkauf von Waren und Dienstleistungen erhoben wird. In einigen Ländern fällt auf den Kauf eines Oldtimers die reguläre Mehrwertsteuer an. Allerdings gewähren einige Länder Ausnahmen oder ermäßigte Sätze für Oldtimer. Diese Steuervergünstigungen sind darauf ausgerichtet, den Handel mit historischen Fahrzeugen zu erleichtern und den Erhalt von Oldtimern zu fördern.

Jahressteuern

Die jährlichen Steuern oder Kfz-Steuer, die auf Oldtimer erhoben werden, variieren von Land zu Land. Sie hängen oft von verschiedenen Faktoren ab, wie dem Hubraum des Motors, dem Alter des Fahrzeugs und dem Schadstoffausstoß. Einige Länder erheben keine oder niedrigere Steuern für Oldtimer, um den Besitz und die Nutzung historischer Fahrzeuge zu unterstützen. In anderen Ländern können die Steuersätze höher sein und von den Eigenschaften des Fahrzeugs abhängen.

Versicherungssteuern und -gebühren

Die Versicherung von Oldtimern kann in einigen Ländern steuerlich begünstigt sein. Dies kann in Form von reduzierten Versicherungssteuern oder speziellen Versicherungstarifen erfolgen, die auf die Nutzung und den Wert von Oldtimern zugeschnitten sind. Die genauen Regelungen variieren von Land zu Land und sollten vor Vertragsabschluss mit einer Versicherungsgesellschaft geklärt werden.

Steuervergünstigungen und -befreiungen für Oldtimer

Einige Länder bieten spezielle Steuervergünstigungen und -befreiungen für Oldtimer an, um den Erhalt und die Pflege historischer Fahrzeuge zu fördern. Diese Vergünstigungen können beispielsweise die Einfuhrzölle, Mehrwertsteuern, jährlichen Steuern oder Versicherungsprämien betreffen. Die genauen Vorschriften und Kriterien für die Inanspruchnahme dieser Vergünstigungen variieren von Land zu Land.

Die Bedingungen für die Definition eines Oldtimers können unterschiedlich sein und hängen oft vom Alter des Fahrzeugs, seinem historischen Wert, seinem Zustand und anderen Faktoren ab.

Zulassung und Vorschriften

Die Zulassung von Oldtimern ist in vielen Ländern mit speziellen Vorschriften und Verfahren verbunden, um historische Fahrzeuge auf öffentlichen Straßen legal betreiben zu können. Diese Vorschriften variieren von Land zu Land und hängen oft von verschiedenen Faktoren ab, wie dem Alter des Fahrzeugs, seinem historischen Wert und seinem Zustand. In diesem Artikel bieten wir einen umfassenden Leitfaden zur Zulassung von Oldtimern und den damit verbundenen Vorschriften.

Was ist ein Oldtimer?

Bevor wir uns mit den Zulassungsvorschriften befassen, ist es wichtig zu klären, was genau unter einem "Oldtimer" verstanden wird. Die Definition eines Oldtimers kann von Land zu Land unterschiedlich sein, aber im Allgemeinen sind Oldtimer historische Fahrzeuge, die eine gewisse Anzahl von Jahren alt sind und von historischem, kulturellem oder nostalgischem Wert sind. Die genaue Altersgrenze kann variieren, liegt jedoch oft bei 25 oder 30 Jahren. Ein Oldtimer zeichnet sich oft durch besondere Merkmale, einzigartiges Design oder historische Bedeutung aus.

Zulassung von Oldtimern: Schritte und Vorschriften

Die Zulassung von Oldtimern kann ein komplexer Prozess sein, der verschiedene Schritte und Vorschriften beinhaltet. Hier sind die wichtigsten Aspekte, die bei der Zulassung eines Oldtimers zu beachten sind:

Historische Fahrzeugdokumentation

Bevor Sie mit dem Zulassungsprozess beginnen, ist es wichtig sicherzustellen, dass Ihr Fahrzeug die Kriterien für die Definition eines Oldtimers erfüllt. Dies kann durch historische Fahrzeugdokumentation, wie zum Beispiel den Fahrzeugbrief, historische Fotos oder Originaldokumente, belegt werden.

Technische Überprüfung und TÜV

In vielen Ländern ist eine technische Überprüfung durch eine spezialisierte Prüforganisation wie den TÜV (Technischer Überwachungsverein) erforderlich, um die Verkehrssicherheit und den ordnungsgemäßen Zustand des Oldtimers zu gewährleisten. Während dieser Überprüfung werden verschiedene Aspekte des Fahrzeugs begutachtet, einschließlich der Bremsen, der Beleuchtung, der Abgasanlage und des Rahmens.

Änderungen am Fahrzeug

Wenn am Oldtimer Modifikationen oder Restaurierungen vorgenommen wurden, müssen diese den geltenden Vorschriften entsprechen. In einigen Fällen sind spezielle Genehmigungen oder Gutachten erforderlich, um Änderungen am Fahrzeug durchführen zu dürfen.

Oldtimer-Versicherung

Die meisten Länder verlangen, dass ein Oldtimer eine spezielle Oldtimer-Versicherungspolice hat. Diese Police ist oft auf die Nutzung und den Wert des Fahrzeugs zugeschnitten und kann im Schadensfall den besonderen Bedürfnissen von Oldtimern gerecht werden.

Oldtimer-Kennzeichen

Ein Oldtimer erhält oft ein spezielles Kennzeichen, das ihn als historisches Fahrzeug ausweist. Diese Kennzeichen können von den regulären Kennzeichen abweichen und können je nach Land unterschiedlich gestaltet sein.

Steuern und Gebühren

Die Besteuerung von Oldtimern kann in einigen Ländern begünstigt sein, um den Erhalt historischer Fahrzeuge zu fördern. In anderen Ländern sind jährliche Steuern auf Oldtimer fällig. Die genauen Steuersätze und -bedingungen variieren von Land zu Land.

Dokumentation und Nachweise

Bei der Zulassung eines Oldtimers sind oft verschiedene Dokumente und Nachweise erforderlich, darunter der Fahrzeugbrief, die technische Überprüfung, die Oldtimer-Versicherungspolice und gegebenenfalls Nachweise über Änderungen am Fahrzeug.

Spezielle Regelungen für historische Fahrzeuge

In einigen Ländern gibt es spezielle Regelungen und Vorschriften, die ausschließlich für historische Fahrzeuge gelten. Diese Regelungen können Steuervergünstigungen, spezielle Genehmigungen für die Nutzung von Umweltzonen oder Einschränkungen für die Anzahl der gefahrenen Kilometer pro Jahr umfassen. Es ist ratsam, sich über diese speziellen Regelungen zu informieren, um die Vorteile und Pflichten der Zulassung eines Oldtimers vollständig zu verstehen.

Internationale Aspekte der Zulassung

Wenn Sie Ihren Oldtimer ins Ausland bringen möchten, sollten Sie sich über die grenzüberschreitenden Aspekte der Zulassung im Zielland informieren. Einfuhrzölle, Mehrwertsteuern und technische Überprüfungen können in verschiedenen Ländern unterschiedlich geregelt sein. Es ist wichtig sicherzustellen, dass Ihr Oldtimer den Anforderungen des Ziellandes entspricht, bevor Sie ihn dorthin transportieren.

Die Zulassung von Oldtimern kann ein komplexer Prozess sein, der von vielen Faktoren abhängt. Es ist wichtig, die spezifischen Vorschriften und Anforderungen Ihres Landes zu verstehen und alle notwendigen Schritte zu unternehmen, um die Zulassung Ihres Oldtimers zu sichern. Dies beinhaltet die technische Überprüfung, die Versicherung, die Erlangung spezieller Kennzeichen und die Erfüllung von Steuerverpflichtungen. Mit sorgfältiger Planung und Einhaltung der Vorschriften können Sie Ihren Oldtimer auf öffentlichen Straßen legal und sicher genießen.

Kapitel 8: Leidenschaft und Lifestyle

Der soziale Aspekt des Oldtimer-Hobbys

Das Investment in Oldtimer geht weit über finanzielle Erträge hinaus. Es ist eine Leidenschaft, eine Gemeinschaft und ein kulturelles Erbe, das Sammler und Liebhaber auf der ganzen Welt verbindet. In diesem Artikel werden wir den sozialen Aspekt des Oldtimer-Investments genauer betrachten und wie er eine einzigartige Verbindung zwischen Menschen schafft.

Die Oldtimer-Community: Eine Leidenschaft, die verbindet

Die Welt der Oldtimer ist von einer leidenschaftlichen Gemeinschaft geprägt. Sammler und Liebhaber historischer Fahrzeuge teilen eine tiefe Leidenschaft für diese automobilen Schätze. Diese Leidenschaft verbindet Menschen über Grenzen hinweg und schafft eine internationale Gemeinschaft von Gleichgesinnten.

Oldtimer-Clubs und Vereine

Oldtimer-Clubs und -Vereine sind ein wichtiger Bestandteil der Oldtimer-Community. Sie dienen als Treffpunkt für Sammler und Enthusiasten, um sich auszutauschen, Erfahrungen zu teilen und gemeinsame Aktivitäten zu planen. Diese Clubs organisieren regelmäßig Treffen, Ausfahrten, Ausstellungen und Veranstaltungen, bei denen Mitglieder ihre Fahrzeuge präsentieren und bewundern können.

Online-Foren und soziale Medien

Das Internet hat die Oldtimer-Community noch stärker vernetzt. Es gibt zahlreiche Online-Foren, soziale Medien-Gruppen und Webseiten, auf denen sich Sammler und Liebhaber austauschen, Fragen stellen, Ratschläge einholen und Erfahrungen teilen können. Diese digitalen Plattformen ermöglichen es Menschen, die Leidenschaft für Oldtimer teilen, sich weltweit zu vernetzen.

Veranstaltungen und Treffen

Oldtimer-Veranstaltungen sind ein Höhepunkt im Kalender der Oldtimer-Community. Diese Treffen bieten die Möglichkeit, seltene Fahrzeuge zu bewundern, Gleichgesinnte zu treffen und sich über gemeinsame Interessen auszutauschen. Beispiele für solche Veranstaltungen sind Concours d'Elegance, Rallyes und historische Rennveranstaltungen.

Das kulturelle Erbe der Oldtimer

Oldtimer sind nicht nur historische Fahrzeuge, sondern auch ein wichtiger Teil des kulturellen Erbes. Sie repräsentieren eine vergangene Ära des Automobilbaus und des Designs. Viele Oldtimer sind wahre Kunstwerke auf Rädern, und ihre Erhaltung ist von kultureller Bedeutung.

Erhaltung historischer Fahrzeuge

Die Erhaltung von Oldtimern ist nicht nur eine Frage der Leidenschaft, sondern auch eine Verpflichtung zur Bewahrung des kulturellen Erbes. Sammler und Restauratoren bemühen sich, historische Fahrzeuge in ihrem ursprünglichen Zustand wiederherzustellen, um ihre Authentizität und historische Bedeutung zu bewahren.

Museen und Ausstellungen

Oldtimer-Museen und Ausstellungen spielen eine entscheidende Rolle bei der Erhaltung und Präsentation historischer Fahrzeuge. Diese Institutionen ermöglichen es der Öffentlichkeit, seltene Oldtimer zu bewundern und mehr über die Geschichte des Automobilbaus zu erfahren.

Forschung und Dokumentation

Historische Forschung und Dokumentation sind wichtige Bestandteile des kulturellen Erbes der Oldtimer. Historiker, Autoren und Sammler arbeiten daran, die Geschichte einzelner Fahrzeuge, Hersteller und Epochen zu erforschen und zu dokumentieren.

Die Freude am Fahren: Oldtimer als Lebensstil

Das Investment in Oldtimer ist oft mehr als nur das Besitzen und Erhalten historischer Fahrzeuge. Es ist ein Lebensstil, der die Freude am Fahren und die Wertschätzung von Design und Handwerkskunst in den Mittelpunkt stellt.

Die einzigartige Fahrerfahrung

Oldtimer bieten eine einzigartige Fahrerfahrung, die von modernen Fahrzeugen oft nicht erreicht wird. Das Lenken, Schalten und Bremsen eines Oldtimers erfordert besondere Fertigkeiten und Geduld, was für viele Fahrer einen besonderen Reiz ausmacht.

Die Ästhetik und das Design

Oldtimer zeichnen sich oft durch eine besondere Ästhetik und einzigartiges Design aus. Ihre eleganten Linien, verchromten Details und handgefertigten Elemente sind nicht nur technische Merkmale, sondern auch Kunstwerke auf Rädern.

Die Gemeinschaft von Gleichgesinnten

Die Oldtimer-Community bietet die Möglichkeit, sich mit Gleichgesinnten auszutauschen und Freundschaften zu schließen. Dieser soziale Aspekt des Oldtimer-Lebensstils ist für viele Sammler und Liebhaber von unschätzbarem Wert.

Der soziale Aspekt des Oldtimer-Investments in der Zukunft

Der soziale Aspekt des Oldtimer-Investments wird auch in der Zukunft eine wichtige Rolle spielen. Die Leidenschaft für historische Fahrzeuge wird von Generation zu Generation weitergegeben, und die Oldtimer-Community wird weiterhin wachsen und sich entwickeln.

Jugendförderung und Bildung

Es ist wichtig, junge Menschen für die Welt der Oldtimer zu begeistern und sie über die Geschichte und Bedeutung dieser Fahrzeuge aufzuklären. Oldtimer-Clubs, Museen und Bildungsprogramme spielen eine entscheidende Rolle bei der Förderung des Interesses der jüngeren Generation.

Innovation und Nachhaltigkeit

Die Oldtimer-Community wird sich auch den Herausforderungen der Zukunft stellen müssen, insbesondere im Hinblick auf Umweltauflagen und Nachhaltigkeit. Die Elektrifizierung historischer Fahrzeuge und die Anpassung an moderne Standards werden in den kommenden Jahren wichtige Themen sein.

Oldtimer-Events und Messen

Oldtimer-Events und Fachmessen sind ein wichtiger Bestandteil der weltweiten Oldtimer-Community. Diese Veranstaltungen bieten Sammlern, Liebhabern und Fachleuten die Möglichkeit, historische Fahrzeuge zu bewundern, sich auszutauschen, Fachwissen zu erweitern und die faszinierende Welt der Oldtimer in ihrer ganzen Pracht zu erleben. In diesem Artikel werfen wir einen Blick auf die Bedeutung und Vielfalt von Oldtimer-Events und Fachmessen.

Was sind Oldtimer-Events und Fachmessen?

Oldtimer-Events und Fachmessen sind Veranstaltungen, die speziell für historische Fahrzeuge und ihre Enthusiasten konzipiert sind. Sie bieten eine breite Palette von Aktivitäten, darunter Ausstellungen historischer Fahrzeuge, Treffen von Sammlern und Clubs, Verkaufsbörsen für Oldtimer und Zubehör, Rennen und Rallyes sowie Bildungsseminare und Workshops.

Die Bedeutung von Oldtimer-Events und Fachmessen

Oldtimer-Events und Fachmessen erfüllen verschiedene wichtige Funktionen in der Welt der historischen Fahrzeuge:

Präsentation und Bewunderung

Eine der Hauptfunktionen von Oldtimer-Events ist die Präsentation historischer Fahrzeuge. Hier haben Sammler die Möglichkeit, ihre Schätze der Öffentlichkeit zu zeigen, und Besucher können seltene Oldtimer bewundern und fotografieren. Diese Veranstaltungen ermöglichen es den Menschen, historische Fahrzeuge in ihrer ganzen Pracht zu erleben.

Austausch von Erfahrungen und Informationen

Oldtimer-Events sind auch Gelegenheiten für den Austausch von Erfahrungen und Informationen. Sammler und Enthusiasten können sich über Restaurierungstechniken, Wartungstipps und historische Hintergründe austauschen. Dieser Wissensaustausch trägt zur Erhaltung historischer Fahrzeuge bei.

Verkauf und Handel

Viele Oldtimer-Events umfassen auch Verkaufsbörsen, auf denen Oldtimer, Teile und Zubehör angeboten werden. Diese Veranstaltungen bieten Sammlern die Möglichkeit, fehlende Teile zu finden oder neue Fahrzeuge zu erwerben. Der Handel mit Oldtimern ist ein wichtiger Aspekt der Oldtimer-Community.

Rennen und Rallyes

Oldtimer-Events umfassen oft Rennen und Rallyes, bei denen historische Fahrzeuge in Wettbewerben antreten. Diese Rennen sind nicht nur eine Gelegenheit für Fahrer, ihr Können zu zeigen, sondern auch eine Möglichkeit, historische Fahrzeuge in Aktion zu sehen. Solche Veranstaltungen sind ein besonderer Leckerbissen für Motorsportfans.

Kulturelles Erbe und Bildung

Oldtimer-Events tragen zur Bewahrung des kulturellen Erbes historischer Fahrzeuge bei. Museen, Ausstellungen und Bildungsseminare bieten den Besuchern die Möglichkeit, mehr über die Geschichte und Bedeutung von Oldtimern zu erfahren. Dies ist besonders wichtig, um das Interesse der jüngeren Generationen zu wecken.

Verschiedene Arten von Oldtimer-Events und Fachmessen

Die Welt der Oldtimer-Events und Fachmessen ist äußerst vielfältig. Hier sind einige der bekanntesten Arten von Veranstaltungen:

Concours d'Elegance

Concours d'Elegance-Veranstaltungen sind elegante Ausstellungen von historischen Fahrzeugen. Hier werden Oldtimer nach Schönheit und Eleganz bewertet. Diese Veranstaltungen sind oft von hoher gesellschaftlicher Bedeutung und ziehen exquisite Fahrzeuge aus aller Welt an.

Historische Rennen und Rallyes

Historische Rennen und Rallyes bieten den Teilnehmern die Möglichkeit, historische Fahrzeuge in Wettbewerben zu fahren. Diese Veranstaltungen reichen von klassischen Rundstreckenrennen bis zu anspruchsvollen Langstreckenrallyes. Teilnehmen kann jeder, der die Leidenschaft für das Fahren historischer Fahrzeuge teilt.

Oldtimer-Ausstellungen und Messen

Oldtimer-Ausstellungen und Messen sind große Veranstaltungen, auf denen historische Fahrzeuge, Teile, Zubehör und Dienstleistungen präsentiert werden. Diese Veranstaltungen bieten Sammlern und Enthusiasten die Möglichkeit, alles rund um das Thema Oldtimer zu entdecken und zu kaufen.

Clubtreffen und regionale Veranstaltungen

Oldtimer-Clubs organisieren oft Treffen und regionale Veranstaltungen, bei denen Mitglieder ihre Fahrzeuge präsentieren und gemeinsam Spaß haben können. Diese Treffen sind eine großartige Gelegenheit, Freundschaften zu schließen und die Leidenschaft für historische Fahrzeuge zu teilen.

Bildungsseminare und Workshops

Einige Oldtimer-Events umfassen auch Bildungsseminare und Workshops, bei denen Sammler und Enthusiasten ihr Wissen erweitern können. Diese Veranstaltungen können Themen wie Restaurierung, Wartung und Geschichte behandeln.

Oldtimer-Events und Fachmessen sind weit mehr als nur Veranstaltungen für Autoliebhaber. Sie sind ein Ausdruck von Leidenschaft, eine Gelegenheit für den Austausch von Erfahrungen und Informationen, ein Ort für den Handel mit historischen Fahrzeugen und Zubehör, eine Bühne für historische Rennen und Rallyes sowie ein wichtiger Beitrag zur Erhaltung des kulturellen Erbes der Oldtimer. Diese Veranstaltungen sind ein Muss für jeden, der die faszinierende Welt der historischen Fahrzeuge erleben möchte.

Oldtimerveranstaltungen in Österreich

In Österreich gibt es eine Reihe von bekannten Oldtimer-Messen und -Veranstaltungen, die Oldtimer-Enthusiasten und Sammler aus der Region und der ganzen Welt anziehen. Hier sind einige der bekanntesten Oldtimer-Messen und -Veranstaltungen in Österreich:

Classic Expo Salzburg: Die Classic Expo in Salzburg ist eine der größten und renommiertesten Oldtimer-Messen in Österreich. Die Veranstaltung zieht Sammler, Liebhaber und Händler aus ganz Europa an. Hier können Besucher eine beeindruckende Auswahl an historischen Fahrzeugen, Teilen und Zubehör sowie Oldtimer-Clubs und Fachleute der Branche erleben.

Vienna Classic Days: Die Vienna Classic Days sind eine jährliche Veranstaltung in Wien, bei der historische Fahrzeuge ausgestellt werden. Die Veranstaltung umfasst eine Ausfahrt durch die malerischen Straßen von Wien und eine Präsentation der Fahrzeuge vor dem Schloss Schönbrunn. Es ist ein beliebtes Treffen für Oldtimer-Enthusiasten.

Classic Austria: Die Classic Austria in Wels ist eine weitere bedeutende Oldtimer-Messe in Österreich. Die Veranstaltung bietet eine breite Palette von historischen Fahrzeugen, Teilen, Zubehör und Dienstleistungen. Es ist auch eine Plattform für den Handel und Verkauf von Oldtimern.

Historic Austria: Die Historic Austria ist eine Oldtimer-Rallye, die durch malerische Landschaften und historische Städte Österreichs führt. Die Teilnehmer können historische Fahrzeuge in Aktion erleben und die Schönheit des Landes genießen.

Eisenstadt Classic Car Race: Dieses jährliche Rennen in Eisenstadt ist eine der aufregendsten Oldtimer-Veranstaltungen in Österreich. Es zieht Rennfahrer und Liebhaber historischer Rennwagen an und bietet ein spektakuläres Rennerlebnis auf öffentlichen Straßen.

Wachau Classic: Die Wachau Classic ist eine Oldtimer-Rallye, die entlang der Donau in der malerischen Wachau-Region stattfindet. Die Veranstaltung zeichnet sich durch eine atemberaubende Landschaft und die Möglichkeit aus, historische Fahrzeuge vor historischen Gebäuden und Sehenswürdigkeiten zu bewundern.

Nutzfahrzeugtreffen in St. Pölten: Dieses Treffen konzentriert sich auf historische Nutzfahrzeuge und zieht Liebhaber von alten Lastwagen, Bussen und anderen Nutzfahrzeugen an. Es bietet die Gelegenheit, seltene historische Nutzfahrzeuge zu sehen und mit ihren Besitzern zu sprechen.

Oldtimerveranstaltungen in Deutschland

Deutschland ist ein Land mit einer lebendigen Oldtimer-Szene, und es gibt zahlreiche Oldtimer-Messen und Veranstaltungen, die Sammler und Enthusiasten aus dem In- und Ausland anziehen. Hier sind einige der bekanntesten Oldtimer-Messen in Deutschland:

Techno-Classica Essen: Die Techno-Classica in Essen ist eine der größten und bedeutendsten Oldtimer-Messen weltweit. Sie findet jährlich statt und bietet eine beeindruckende Vielfalt an historischen Fahrzeugen, Teilen, Zubehör und Dienstleistungen. Die Messe zieht Sammler und Liebhaber aus der ganzen Welt an.

Retro Classics Stuttgart: Die Retro Classics in Stuttgart ist eine der wichtigsten Oldtimer-Messen in Deutschland. Sie bietet eine breite Palette historischer Fahrzeuge, von klassischen Autos über Motorräder bis hin zu Nutzfahrzeugen. Die Messe hat sich zu einem Treffpunkt für Oldtimer-Enthusiasten entwickelt.

Bremen Classic Motorshow: Die Bremen Classic Motorshow ist eine der ersten Oldtimer-Messen im Jahr in Deutschland. Sie bietet eine Vielzahl von historischen Fahrzeugen und eine breite Palette von Teilen und Zubehör. Die Messe zeichnet sich durch eine entspannte Atmosphäre aus.

Klassikwelt Bodensee: Diese Oldtimer-Messe am Bodensee zieht nicht nur mit historischen Fahrzeugen, sondern auch mit einer malerischen Lage an. Die Veranstaltung bietet eine große Auswahl an klassischen Autos, Motorrädern und Nutzfahrzeugen.

Hanse Spirit Classic Hamburg: Diese Messe in Hamburg konzentriert sich auf Oldtimer, Motorräder, Boote und Lifestyle. Sie bietet nicht nur historische Fahrzeuge, sondern auch eine Auswahl von maritimen und vintage-inspirierten Produkten.

Klassikerwelt Bodensee: Diese Veranstaltung am Bodensee zieht Oldtimer-Enthusiasten aus Deutschland und den Nachbarländern an. Neben historischen Fahrzeugen gibt es auch Teile und Zubehör sowie ein umfangreiches Rahmenprogramm.

Classic Car Auctions: In Deutschland gibt es auch Auktionshäuser, die sich auf klassische Fahrzeuge spezialisiert haben, wie beispielsweise die Auktionen von Coys of Kensington und Bonhams. Diese Auktionen ziehen Liebhaber und Sammler an, die seltene und begehrte Oldtimer erwerben möchten.

Technorama - Kassel, Deutschland: Die Technorama in Kassel ist eine der größten Oldtimer-Messen in Deutschland und konzentriert sich auf historische Motorräder und Traktoren. Sie bietet eine beeindruckende Auswahl an klassischen Zweirädern und landwirtschaftlichen Fahrzeugen.

Classic Days Schloss Dyck - Deutschland: Classic Days Schloss Dyck ist eine der bekanntesten Oldtimer-Veranstaltungen in Deutschland. Sie bietet historische Fahrzeuge und Rennen auf dem Gelände eines beeindruckenden Wasserschlosses.

Oldtimerveranstaltungen in Europa

Europa ist ein Hotspot für Oldtimer-Liebhaber und Enthusiasten, und es gibt zahlreiche Oldtimer-Messen und Veranstaltungen in verschiedenen Ländern des Kontinents. Hier sind einige der bekannten Oldtimer-Messen in Europa:

Retromobile - Paris, Frankreich: Retromobile in Paris zählt zu den renommiertesten Oldtimer-Messen weltweit. Sie bietet eine beeindruckende Auswahl an historischen Fahrzeugen, Automobilia, Teilen und Zubehör. Die Messe ist bekannt für ihre Eleganz und den besonderen Charme französischer Klassiker.

Rétromobile - Genf, Schweiz: Die Rétromobile in Genf ist ein beliebtes Oldtimer-Event in der Schweiz. Sie bietet historische Fahrzeuge, Teile und Zubehör sowie Automobilia. Die Messe zieht Liebhaber von klassischen Autos und Motorrädern an.

Auto e Moto d'Epoca - Padua, Italien: Auto e Moto d'Epoca in Padua ist die größte Oldtimer-Messe in Italien und eine der bedeutendsten in Europa. Sie bietet historische Autos, Motorräder, Teile und Zubehör. Die Messe zieht Sammler und Liebhaber aus ganz Europa an.

London Classic Car Show - London, Vereinigtes Königreich: Die London Classic Car Show ist eine der wichtigsten Oldtimer-Messen im Vereinigten Königreich. Sie bietet eine Vielzahl von historischen Fahrzeugen, Teilen und Zubehör. Die Messe zeichnet sich durch eine lebendige Atmosphäre und spezielle Ausstellungsbereiche aus.

InterClassics & TopMobiel - Maastricht, Niederlande: Diese Oldtimer-Messe in Maastricht konzentriert sich auf klassische Fahrzeuge und bietet eine beeindruckende Auswahl historischer Autos. Sie zieht nicht nur Besucher aus den Niederlanden, sondern auch aus den benachbarten Ländern an.

Autojumble - Beaulieu, Vereinigtes Königreich: Beaulieu Autojumble ist eine der größten Veranstaltungen ihrer Art in Europa. Sie konzentriert sich auf den Verkauf von Teilen und Zubehör für Oldtimer und bietet eine riesige Auswahl an Raritäten.

Concorso d'Eleganza Villa d'Este - Como, Italien: Diese Veranstaltung am Comer See in Italien ist einer der elegantesten Concours d'Elegance-Wettbewerbe der Welt. Sie präsentiert klassische Autos in einer atemberaubenden Umgebung.

Historic Grand Prix Zandvoort - Niederlande: Dieses historische Rennwochenende auf der Strecke von Zandvoort zieht Liebhaber von historischen Rennwagen aus der ganzen Welt an.

Goodwood Revival - West Sussex, Vereinigtes Königreich: Das Goodwood Revival ist eine Veranstaltung, die die goldene Ära des Motorsports zelebriert. Die Teilnehmer und Besucher kleiden sich im Stil der 1940er bis 1960er Jahre und erleben historische Rennen und eine atemberaubende Atmosphäre.

Oldtimerveranstaltungen weltweit

Oldtimer-Messen sind weltweit beliebt und ziehen Sammler, Liebhaber und Enthusiasten aus verschiedenen Ländern an. Hier sind einige bekannte Oldtimer-Messen und -Veranstaltungen auf internationaler Ebene:

Pebble Beach Concours d'Elegance - Kalifornien, USA: Das Pebble Beach Concours d'Elegance ist eine der exklusivsten Oldtimer-Veranstaltungen der Welt. Sie findet jedes Jahr in Kalifornien statt und präsentiert einige der elegantesten und seltensten historischen Fahrzeuge.

Amelia Island Concours d'Elegance - Florida, USA: Diese Oldtimer-Veranstaltung in Florida ist bekannt für ihre hochkarätigen Fahrzeugausstellungen und den Concours d'Elegance-Wettbewerb.

Barrett-Jackson Auto Auction - Scottsdale, USA: Barrett-Jackson ist eine der bekanntesten Auktionsveranstaltungen für klassische Autos. Sie zieht Sammler und Liebhaber aus der ganzen Welt an, um seltene und begehrte Fahrzeuge zu erwerben.

Monterey Car Week - Kalifornien, USA: Die Monterey Car Week in Kalifornien umfasst eine Vielzahl von Oldtimer-Veranstaltungen, darunter Auktionen, Concours d'Elegance-Wettbewerbe und historische Rennen auf dem Mazda Raceway Laguna Seca.

Bitte beachten Sie, dass die Teilnahme und die Termine für diese Veranstaltungen je nach Jahr variieren können. Es ist ratsam, die offiziellen Websites der Veranstaltungen oder lokale Oldtimer-Clubs zu konsultieren, um aktuelle Informationen zu erhalten.

Schlussbetrachtung

Das Fazit: Oldtimer als Wertanlage

Die Betrachtung von Oldtimern als Wertanlage führt zu einem vielschichtigen und faszinierenden Schluss. Die Verbindung zwischen Leidenschaft und Kapitalrendite, die diese historischen Fahrzeuge bieten, ist ein einzigartiges Merkmal im breiten Spektrum von Investitionsmöglichkeiten. Historische Autos sind nicht nur Kunstwerke auf Rädern, sondern auch kulturelle und historische Symbole, die eine einzigartige Verbindung zu einer vergangenen Ära herstellen.

Die Wertentwicklung von Oldtimern kann jedoch unvorhersehbar und volatil sein. Es gibt keine Garantie für Gewinne, und wie bei allen Investitionen ist eine gründliche Forschung und ein Verständnis des Marktes von entscheidender Bedeutung. Die Auswahl des richtigen Fahrzeugs, die sorgfältige Pflege und Wartung sowie die Beratung von Experten sind entscheidende Faktoren für den Erfolg als Oldtimer-Investor.

Ein wichtiger Aspekt ist auch die Freude und die Leidenschaft, die mit dem Besitz von Oldtimern einhergehen. Die Fähigkeit, in diese historischen Fahrzeuge zu investieren und sie zu schätzen, ist eine Erfahrung, die weit über finanzielle Renditen hinausgeht. Oldtimer sind oft eine Brücke zur Geschichte und eine Möglichkeit, die Vergangenheit auf Rädern zu erleben.

In der Welt der Oldtimer als Wertanlage ist Flexibilität erforderlich. Die Bereitschaft, sich den sich ändernden Markttrends anzupassen und die Vielfalt der verfügbaren Fahrzeuge zu erkunden, kann von unschätzbarem Wert sein. Oldtimer können sowohl Alltagsklassiker als auch seltene Sammlerstücke sein, und die richtige Mischung in einem Portfolio kann die Risiken streuen.

Insgesamt zeigen Oldtimer als Wertanlage, dass Investitionen nicht immer nur auf Finanzdaten und Renditen basieren. Sie verkörpern Geschichte, Leidenschaft und Kunst auf vier Rädern. Die Möglichkeit, in diese Welt einzutauchen, sie zu erforschen und zu schätzen, ist eine Bereicherung für jeden, der sich für Oldtimer interessiert. Wenn man dies mit einer klugen Investitionsstrategie verbindet, kann man nicht nur die Vergangenheit erleben, sondern auch die Zukunft mitgestalten.

Es ist wichtig, sich daran zu erinnern, dass Oldtimer-Investitionen, wie jede andere Form der Anlage, mit Risiken verbunden sind, und es gibt keine Garantie für Gewinne. Die Liebe zu historischen Fahrzeugen und die Leidenschaft für ihre Erhaltung sind oft genauso wichtig wie finanzielle Überlegungen. Oldtimer können eine erfüllende und lohnende Anlage sein, vorausgesetzt, man geht mit Bedacht vor und schätzt die einzigartige Kombination von Geschichte und Mobilität, die sie repräsentieren.

Ausblick auf die Entwicklung des Marktes

Der Ausblick auf die Entwicklung des Oldtimermarktes verspricht eine faszinierende Zukunft. Diese einzigartige Branche, die historische Fahrzeuge, Leidenschaft und Wertanlagen miteinander verknüpft, wird weiterhin von Sammlern, Liebhabern und Investoren auf der ganzen Welt geschätzt.

Die steigende Popularität von Oldtimern als Wertanlage zeigt sich in den anhaltenden Preissteigerungen für einige Modelle. Historische Fahrzeuge sind nicht mehr nur Relikte der Vergangenheit, sondern auch begehrte Anlagegüter. Diese Entwicklung wird voraussichtlich anhalten, da Oldtimer sowohl eine kulturelle Bedeutung als auch eine erhebliche Wertsteigerung bieten.

Der Ausblick auf die Entwicklung des Oldtimermarktes zeigt jedoch auch, dass die Auswahl des richtigen Fahrzeugs von entscheidender Bedeutung ist. Seltene Modelle, ikonische Marken und eine dokumentierte Geschichte werden weiterhin zu den gefragtesten Eigenschaften gehören.

Die Zunahme von Restaurierungsprojekten und die wachsende Gemeinschaft von Enthusiasten sind positive Entwicklungen, die zur Erhaltung historischer Fahrzeuge beitragen. Dies ist nicht nur wichtig für die Bewahrung des kulturellen Erbes, sondern auch für die Schaffung von Werten auf dem Markt.

Es ist jedoch zu beachten, dass der Oldtimermarkt nach wie vor volatil ist und Unsicherheiten hinsichtlich der langfristigen Wertentwicklung bestehen. Investoren sollten sich der Risiken bewusst sein und sicherstellen, dass ihre Entscheidungen gut durchdacht sind.

Die Zukunft des Oldtimermarktes wird von verschiedenen Faktoren beeinflusst, darunter die zunehmende Elektrifizierung des Automobilsektors und die steigende Sensibilität für Umweltfragen. Dennoch sind historische Fahrzeuge einzigartig und haben einen unverkennbaren kulturellen und emotionalen Wert, der dazu beiträgt, die Nachfrage aufrechtzuerhalten.

Insgesamt zeigt der Ausblick auf die Entwicklung des Oldtimermarktes, dass historische Fahrzeuge weit mehr sind als nur Transportmittel. Sie sind Zeitkapseln, die Geschichte, Handwerkskunst und Stil verkörpern. Die Kombination aus Leidenschaft für Mobilität und klugen Investitionsentscheidungen kann eine erfüllende und lohnende Erfahrung bieten. Die Reise in die Welt der Oldtimer wird weiterhin eine Reise in die Vergangenheit sein, die mit aufregenden Entdeckungen und wertvollen Erinnerungen verbunden ist.

Impressum

Alle Rechte Vorbehalten

Independently published.

Nachdruck, auch auszugsweise, verboten. Kein Teil dieses Werkes darf ohne schriftliche Genehmigung des Autors in irgendeiner Form reproduziert, vervielfältigt oder verbreitet werden.

Kontakt:
Albert Krammer
A-7503 Großpetersdorf

Haftungsausschluss
Der Autor übernimmt keinerlei Gewähr für die Aktualität, Korrektheit, Vollständigkeit oder Qualität der bereitgestellten Informationen und weiteren Informationen. Haftungsansprüche gegenüber dem Autor, welche sich auf Schäden materieller oder ideeller Art beziehen, die durch die Nutzung oder Nichtnutzung der dargebotenen Informationen bzw. durch die Nutzung fehlerhafter und unvollständiger Informationen verursacht wurden, sind grundsätzlich ausgeschlossen. Teile des Textes wurden mit Unterstützung von künstlicher Intelligenz erstellt.